히라가나 한 번에 보기

KB132740

바로 듣기

① 청음

	あ단	い단	う단	え단	お단
あ행	あ 아[a]	い 이[i]	う 우[u]	え 에[e]	お 오[o]
か행	か 카[ka]	き 키[ki]	く 쿠[ku]	け 케[ke]	こ 코[ko]
さ행	さ 사[sa]	し 시[shi]	す 스[su]	せ 세[se]	そ 소[so]
た행	た 타[ta]	ち 치[chi]	つ 츠[tsu]	て 테[te]	と 토[to]
な행	な 나[na]	に 니[ni]	ぬ 누[nu]	ね 네[ne]	の 노[no]
は행	は 하[ha]	ひ 히[hi]	ふ 후[fu]	へ 헤[he]	ほ 호[ho]
ま행	ま 마[ma]	み 미[mi]	む 무[mu]	め 메[me]	も 모[mo]
や행	や 야[ya]		ゆ 유[yu]		よ 요[yo]
ら행	ら 라[ra]	り 리[ri]	る 루[ru]	れ 레[re]	ろ 로[ro]
わ행	わ 와[wa]				を 오[wo]
ん			ん 응[n]		

② 탁음·반탁음

	あ단	い단	う단	え단	お단
が행	が 가[ga]	ぎ 기[gi]	ぐ 구[gu]	げ 게[ge]	ご 고[go]
ざ행	ざ 자[za]	じ 지[ji]	ず 즈[zu]	ぜ 제[ze]	ぞ 조[zo]
だ행	だ 다[da]	ぢ 지[ji]	づ 즈[zu]	で 데[de]	ど 도[do]
ば행	ば 바[ba]	び 비[bi]	ぶ 부[bu]	べ 베[be]	ぼ 보[bo]
ぱ행	ぱ 파[pa]	ぴ 피[pi]	ぷ 푸[pu]	ぺ 페[pe]	ぽ 포[po]

③ 요음

	ゃ[ya]	ゅ[yu]	ょ[yo]
か행	きゃ 캬[kya]	きゅ 큐[kyu]	きょ 쿄[kyo]
さ행	しゃ 샤[sha]	しゅ 슈[shu]	しょ 쇼[sho]
た행	ちゃ 챠[cha]	ちゅ 츄[chu]	ちょ 쵸[cho]
な행	にゃ 냐[nya]	にゅ 뉴[nyu]	にょ 뇨[nyo]
は행	ひゃ 햐[hya]	ひゅ 휴[hyu]	ひょ 효[hyo]
ま행	みゃ 먀[mya]	みゅ 뮤[myu]	みょ 묘[myo]

	ゃ[ya]	ゅ	ょ[pyo]
ら행	りゃ 랴[rya]		
が행	ぎゃ 갸[gya]		
ざ행	じゃ 쟈[ja]		
ば행	びゃ 뱌[bya]		
ぱ행	ぴゃ 퍄[pya]		ぴょ 표[pyo]

가타카나 한 번에 보기

① 청음

	ア단	イ단	ウ단	エ단	オ단
ア행	ア 아[a]	イ 이[i]	ウ 우[u]	エ 에[e]	オ 오[o]
カ행	カ 카[ka]	キ 키[ki]	ク 쿠[ku]	ケ 케[ke]	コ 코[ko]
サ행	サ 사[sa]	シ 시[shi]	ス 스[su]	セ 세[se]	ソ 소[so]
タ행	タ 타[ta]	チ 치[chi]	ツ 츠[tsu]	テ 테[te]	ト 토[to]
ナ행	ナ 나[na]	ニ 니[ni]	ヌ 누[nu]	ネ 네[ne]	ノ 노[no]
ハ행	ハ 하[ha]	ヒ 히[hi]	フ 후[fu]	ヘ 헤[he]	ホ 호[ho]
マ행	マ 마[ma]	ミ 미[mi]	ム 무[mu]	メ 메[me]	モ 모[mo]
ヤ행	ヤ 야[ya]		ユ 유[yu]		ヨ 요[yo]
ラ행	ラ 라[ra]	リ 리[ri]	ル 루[ru]	レ 레[re]	ロ 로[ro]
ワ행	ワ 와[wa]				ヲ 오[wo]
ン			ン 응[n]		

바로듣기

② 탁음·반탁음

	ア단	イ단	ウ단	エ단	オ단
ガ행	ガ 가[ga]	ギ 기[gi]	グ 구[gu]	ゲ 게[ge]	ゴ 고[go]
ザ행	ザ 자[za]	ジ 지[ji]	ズ 즈[zu]	ゼ 제[ze]	ゾ 조[zo]
ダ행	ダ 다[da]	ヂ 지[ji]	ヅ 즈[zu]	デ 데[de]	ド 도[do]
バ행	バ 바[ba]	ビ 비[bi]	ブ 부[bu]	ベ 베[be]	ボ 보[bo]
パ행	パ 파[pa]	ピ 피[pi]	プ 푸[pu]	ペ 페[pe]	ポ 포[po]

③ 요음

	ャ	ュ	ョ
カ행	キャ 캬[kya]	キュ 큐[kyu]	キョ 쿄[kyo]
サ행	シャ 샤[sha]	シュ 슈[shu]	ショ 쇼[sho]
タ행	チャ 차[cha]	チュ 추[chu]	チョ 초[cho]
ナ행	ニャ 냐[nya]	ニュ 뉴[nyu]	ニョ 뇨[nyo]
ハ행	ヒャ 햐[hya]	ヒュ 휴[hyu]	ヒョ 효[hyo]
マ행	ミャ 먀[mya]	ミュ 뮤[myu]	ミョ 묘[myo]

	ャ	ュ	ョ
ラ행	リャ 랴[rya]	リュ 류[ryu]	リョ 료[ryo]
ガ행	ギャ 갸[gya]	ギュ 규[gyu]	ギョ 교[gyo]
ザ행	ジャ 자[ja]	ジュ 주[ju]	ジョ 조[jo]
バ행	ビャ 뱌[bya]	ビュ 뷰[byu]	ビョ 뵤[byo]
パ행	ピャ 퍄[pya]	ピュ 퓨[pyu]	ピョ 표[pyo]

도서출판 사람in

일본어 실력에 날개를 달아줄
해커스일본어 200% 활용법!

일본어회화 무료 동영상강의

해커스일본어(japan.Hackers.com) 접속 ▶
[무료강의/자료] ▶ [무료강의]를 클릭하세요.

무료 히라가나 가타카나 발음 듣기 MP3

해커스일본어(japan.Hackers.com) 접속 후 로그인 ▶
상단의 [교재/MP3 → MP3/자료]를 클릭하세요.

무료 히라가나 가타카나 단어/문장 필사노트(PDF) & 무료 히라가나 가타카나 한 번에 써보기(PDF)

해커스일본어(japan.Hackers.com) 접속 후 로그인 ▶ 상단의 [교재/MP3 → MP3/자료]를 클릭하세요.

무료 「15분 만에 끝내는」 히라가나, 가타카나 암기 동영상

「15분 만에 끝내는」 히라가나, 가타카나 암기 동영상을
▶ 해커스일본어 공식 유튜브 채널에서 만나보세요!

무료 해커스 일본어 첫걸음 어플

<해커스 일본어 첫걸음> 어플을 통해
일본어 문자와 DAY 별 단어, 회화까지
편리하게 학습할 수 있어요.

▲ [해커스 일본어 첫걸음]
어플 다운로드

해커스일본어 단과/종합 인강 30% 할인쿠폰

K5B8-4297-0958-7000

* 쿠폰 유효기간: 쿠폰 등록 후 30일

[이용 방법]

해커스일본어 사이트(japan.Hackers.com) 접속 후 로그인 ▶
메인 우측 하단 [쿠폰&수강권 등록]에서 쿠폰번호 등록 후 강의 결제 시 사용 가능

* 본 쿠폰은 ID당 1회에 한해 등록 가능합니다.
* 이 외 쿠폰과 관련된 문의는 해커스 고객센터(02-537-5000)로 연락 바랍니다.

해커스일본어
사이트 바로 가기 ▶

해커스일본어를 선택한 선배들의
일본어 실력 수직상승 비결!

해커스일본어와 함께라면
일본어 실력상승의 주인공은 바로 여러분 입니다.

답답한 마음을 마치 사이다같이 뚫어주는 꿀팁!

해커스일본어 수강생 이*희

해커스일본어를 통해 공부하기 시작하니 그동안 잃었던 방향을 찾고 꽉 막힌 미로 속에서 지도를 찾은 기분이었고, 덕분에 혼자 공부를 하면서도 아주 만족하면서 공부를 할 수 있었던 것 같습니다. 특히나 혼자 책으로 공부했다면 절대 몰랐을 여러 선생님들의 설명들이 답답한 마음을 마치 사이다같이 뚫어주셔서 꿀팁들이 나올 때마다 마음속으로 정말 환호를 질렀습니다.

해커스일본어 수강생 김*현

짧은 시간 안에 초보인 제가 N3를 취득할 수 있었습니다!

교환학생을 가기 위해서는 자격증이 필요했습니다. 동시에 일본에서 생활하기 위한 언어 실력 또한 갖춰야 했습니다. 기초 일본어 문법 수업은 일본어 초심자였던 저에게 딱 필요했던 수준 및 내용의 강의였고, 선생님의 설명 방식 또한 이해하기 쉬웠습니다. 선생님의 스타일이 저와 잘 맞은 덕에 초반에 일본어 공부에 열정을 놓지 않고 열심히 이어갈 수 있었고, 이는 결국 부족한 공부 시간에도 불구하고 N3 합격까지 저를 이끌어주었습니다!

입으로 따라하며 배우는 즐거운 일본어 필수 문법!

해커스일본어 수강생 안*경

일본어를 처음 공부하는 사람입니다. 일본 드라마나 예능을 봐서 듣는 일본어에는 익숙했는데 실제 문법 공부를 하면서 들었던 일본어를 말로 표현하고, 글을 읽으면서 일본어 공부하는 즐거움에 빠졌습니다. 특히 언어라는 것은 처음에는 반복하는 것이 중요하다고 생각하는데 쟈링 선생님의 수업은 그 부분을 수업하는 내내 입에 맴돌도록 가르칩니다. 특히 일본어 구문 등을 반복적으로 배워 회화 공부에도 도움이 될 것 같습니다.

해커스일본어 수강생 김*주

막막한 일본어 공부, 해커스인강으로 해결했습니다!

무작정 해커스 JLPT N3 책을 사서 공부를 시작했습니다. 생각보다 막막하여 해커스인강을 신청해서 공부하기 시작했습니다. 처음 독해 청해 문법 등 공부하다 보니 막막했는데 강의를 차근차근 듣다 보니까 어느새 익숙해져 가는 절 발견했습니다. 항상 공부에 도움 되어준 해커스일본어와 설명 잘 해주신 해커스 선생님께 감사드립니다. 앞으로도 잘 부탁드리고 올해 N2, 내년 N1까지 함께 부탁드릴게요!

쓰다 보면 문자가 저절로 외워지는

해커스
일본어 첫걸음

히라가나 가타카나
쓰기노트

해커스 어학연구소

목차

CHAPTER 1. 히라가나 써 보기

CHAPTER 2. 가타카나 써 보기

CHAPTER 3. 다양하게 써 보기

히라가나 가타카나 한 번에 보기 [권두부록]

해커스일본어 다운로드 japan.Hackers.com
· 교재 학습 MP3
· 히라가나 가타카나 단어/문장 필사노트 PDF
· 히라가나 가타카나 한 번에 써 보기 PDF

<해커스 일본어 첫걸음> 어플 & 유튜브 무료 영상
· [안드로이드/iOS] <해커스 일본어 첫걸음> 어플
· [유튜브 「해커스일본어」 채널] 히라가나/가타카나 암기 동영상

일본어 문자 알아보기

일본어는 **히라가나**, **가타카나**, **한자** 세 종류의 문자를 사용해요.

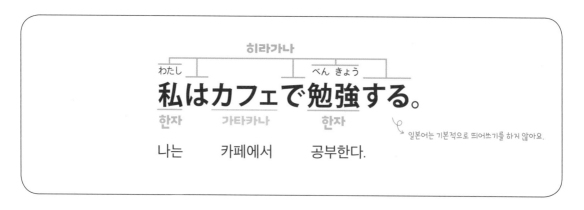

히라가나 (ひらがな)

히라가나는 일본어의 가장 기본이 되는 문자예요. 각지지 않은 둥글둥글한 모양이 특징으로, 각 글자들은 한자를 흘려 쓴 초서를 본 따 만들어졌어요.

安 → あ 寸 → す

히라가나는 외래어를 제외한 모든 일본어를 표기할 때 사용해요. 특히, 일본어의 조사는 반드시 히라가나로만 표기해요. 일본어의 주요 단어는 주로 한자를 쓰는데, 한자의 발음은 히라가나로 표기해요. 그래서 나중에 일본어 한자 공부를 수월하게 하기 위해서는 히라가나를 꼭 알아 두어야 해요.
위의 **私はカフェで勉強する。**(나는 카페에서 공부한다.)라는 문장에서는 조사 **は**(는)와 **で**(에서), 그리고 '하다'라는 뜻의 동사 **する**에 히라가나가 사용되었고, 한자어인 **私**(나), **勉強**(공부)의 발음을 히라가나로 표기했어요.

가타카나 (カタカナ)

가타카나는 각이 지고 직선 모양이 많은 것이 특징으로, 각 글자들은 한자의 일부를 떼어 내서 만들어졌어요.

宇 → ウ   久 → ク

가타카나는 주로 외래어를 표기할 때 사용해요. 왼쪽의 **私はカフェで勉強する**。(나는 카페에서 공부한다.)라는 문장에서는 **カフェ**(카페)라는 외래어를 가타카나로 표기했어요.
그리고 가타카나는 문장에서 특별히 강조하고 싶은 말이 있을 때 사용되기도 해요. **かわいいこいぬ**(귀여운 강아지)에서 강아지의 귀여움을 특히 강조하고 싶으면, 히라가나 **かわいい**(귀엽다) 대신 가타카나를 써서 **カワイイこいぬ**로 표기할 수도 있어요.
최근에는 외래어 사용이 증가해 일상생활에서 가타카나로 표기되는 단어들이 꽤 많아졌어요. 따라서 히라가나 뿐만 아니라 가타카나도 꼼꼼히 잘 익혀두어야 해요.

한자 (漢字)

한자는 의미를 가지는 단어에 사용해요. 왼쪽의 **私はカフェで勉強する**。(나는 카페에서 공부한다.)라는 문장에서는 **私**(나), **勉強**(공부)와 같이 의미를 가지는 단어에 한자가 사용되었어요.
이것을 히라가나로 바꾸어서 **わたしはカフェでべんきょうする**。로 표기해도 틀린 문장은 아니에요. 그런데 일본어 문장은 띄어쓰기를 하지 않기 때문에 히라가나와 가타카나로만 표기하면 어디서 끊어 읽어야 할지 알기 어려워요. 따라서 의미가 있는 단어를 한자로 표기해 주는 것으로 문장을 더욱 쉽게 읽고 이해할 수 있어요.
하지만 문장의 모든 단어를 항상 한자로 표기하는 것은 아니에요. 일본 문부과학성에서 지정한 초등·중등용 상용한자에 따라 학년별 교과서에서 한자로 표기하는 단어가 다르고, 일본어 능력시험인 JLPT는 시험 급수에 따라 한자로 표기하는 단어를 달리 하는 등 상황과 목적에 따라 적절하게 한자를 사용해요.

다양하게 쓰면서 재미있게 익히는
히라가나 가타카나 쓰기노트 활용법

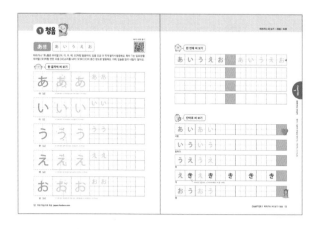

한글자씩 / 한번에 / 단어로 써 보기!

일본어 글자를 한 글자 씩 써 보고, 한 행을 한 번에 써 보고, 단어도 써 보면서 쉽고 재미있게 익혀요. 글자를 쓸 때는, 바르고 예쁘게 쓰는 포인트에 주의하며 써 보아요.

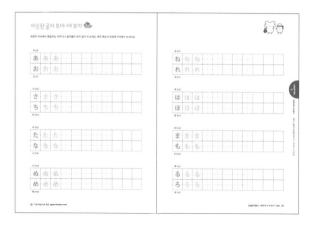

헷갈리는 글자 모아 써 보기!

모양이 비슷해서 헷갈리는 글자만 모아 다시 한 번 써 보면서 확실히 익혀요.

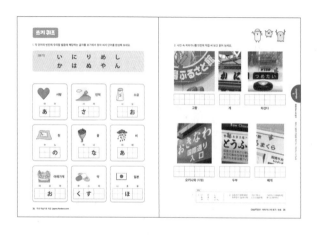

퀴즈를 풀어보며 복습하기!

단어 완성하기, 사진 속 글자 쓰고 읽어보기 등, 재미있는 퀴즈를 풀며 일본어 문자를 한 번 더 재미있게 익혀요.

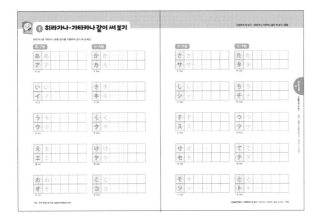

같은 발음의 문자 한 번에 써 보기!

발음이 같은 히라가나와 가타카나를 한 번에
써 보면서 익혀요.

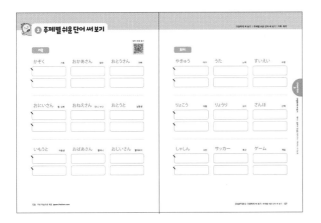

학습한 글자를 활용한 단어, 문장 써 보기!

실생활에 자주 사용되는 단어와 회화 문장을
직접 써 보며 재미있게 익혀요.

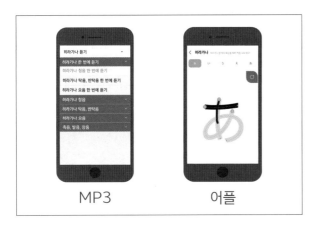

MP3   어플

부가 학습 자료로 일본어 문자 마스터하기!

교재에 있는 모든 히라가나와 가타카나 및 일
본어 단어, 문장을 들을 수 있는 MP3를 통
해 정확한 발음을 들으며 학습할 수 있어요.
그리고 <해커스 일본어 첫걸음> 어플로 히
라가나와 가타카나를 언제 어디서나 써 보면
서 익힐 수 있어요.

CHAPTER

1

히라가나 써 보기

히라가나는 일본어의 가장 기본이 되는 문자로, 발음에는 청음, 탁음, 반탁음, 요음, 촉음, 발음, 장음이 있어요. 오른쪽 QR코드로 각 글자의 발음을 들으며 따라 읽어 보세요.

① 청음 청음은 성대를 울리지 않는 맑은 소리로, 히라가나의 가장 기본적인 글자이자 발음이에요. 아래와 같이 모음이 같은 글자를 같은 단에, 자음이 같은 글자를 같은 행에 나열한 표를 오십음도라고 하는데, 현대에는 쓰이지 않는 글자와 발음을 제외해서 정확히는 46자예요.

	あ단	い단	う단	え단	お단
あ행	あ 아 [a]	い 이 [i]	う 우 [u]	え 에 [e]	お 오 [o]
か행	か 카 [ka]	き 키 [ki]	く 쿠 [ku]	け 케 [ke]	こ 코 [ko]
さ행	さ 사 [sa]	し 시 [shi]	す 스 [su]	せ 세 [se]	そ 소 [so]
た행	た 타 [ta]	ち 치 [chi]	つ 츠 [tsu]	て 테 [te]	と 토 [to]
な행	な 나 [na]	に 니 [ni]	ぬ 누 [nu]	ね 네 [ne]	の 노 [no]
は행	は 하 [ha]	ひ 히 [hi]	ふ 후 [fu]	へ 헤 [he]	ほ 호 [ho]
ま행	ま 마 [ma]	み 미 [mi]	む 무 [mu]	め 메 [me]	も 모 [mo]
や행	や 야 [ya]		ゆ 유 [yu]		よ 요 [yo]
ら행	ら 라 [ra]	り 리 [ri]	る 루 [ru]	れ 레 [re]	ろ 로 [ro]
わ행	わ 와 [wa]				を 오 [wo]
ん			ん 응 [n]		

ん은 청음이 아닌 발음(撥音)으로 어느 행에도 속하지 않아요. 하지만 일본어 문자 학습에 용이하도록 청음과 함께 오십음도에 포함해요.

② **탁음·반탁음** 청음 글자에 탁점(ﾞ)을 붙여 표기한 것을 탁음, 반탁점(ﾟ)을 붙여 표기한 것을 반탁음이라고 해요. 성대를 울리는 탁한 소리예요.

	あ단	い단	う단	え단	お단
が행	が 가 [ga]	ぎ 기 [gi]	ぐ 구 [gu]	げ 게 [ge]	ご 고 [go]
ざ행	ざ 자 [za]	じ 지 [ji]	ず 즈 [zu]	ぜ 제 [ze]	ぞ 조 [zo]
だ행	だ 다 [da]	ぢ 지 [ji]	づ 즈 [zu]	で 데 [de]	ど 도 [do]
ば행	ば 바 [ba]	び 비 [bi]	ぶ 부 [bu]	べ 베 [be]	ぼ 보 [bo]
ぱ행	ぱ 파 [pa]	ぴ 피 [pi]	ぷ 푸 [pu]	ぺ 페 [pe]	ぽ 포 [po]

③ **요음** 청음, 탁음, 반탁음 일부 글자에 작은 ゃ(야)·ゅ(유)·ょ(요)를 붙여서 읽는 것을 요음이라고 해요.

	ゃ	ゅ	ょ		ゃ	ゅ	ょ
か행	きゃ 캬 [kya]	きゅ 큐 [kyu]	きょ 쿄 [kyo]	ら행	りゃ 랴 [rya]	りゅ 류 [ryu]	りょ 료 [ryo]
さ행	しゃ 샤 [sha]	しゅ 슈 [shu]	しょ 쇼 [sho]	が행	ぎゃ 갸 [gya]	ぎゅ 규 [gyu]	ぎょ 교 [gyo]
た행	ちゃ 챠 [cha]	ちゅ 츄 [chu]	ちょ 쵸 [cho]	ざ행	じゃ 쟈 [ja]	じゅ 쥬 [ju]	じょ 죠 [jo]
な행	にゃ 냐 [nya]	にゅ 뉴 [nyu]	にょ 뇨 [nyo]	ば행	びゃ 뱌 [bya]	びゅ 뷰 [byu]	びょ 뵤 [byo]
は행	ひゃ 햐 [hya]	ひゅ 휴 [hyu]	ひょ 효 [hyo]	ぱ행	ぴゃ 퍄 [pya]	ぴゅ 퓨 [pyu]	ぴょ 표 [pyo]
ま행	みゃ 먀 [mya]	みゅ 뮤 [myu]	みょ 묘 [myo]				

④ **촉음·발음·장음** 촉음은 つ를 작게 표기한 글자 っ의 발음이고, 발음(撥音)은 ん의 발음으로, 둘 다 우리말의 받침과 비슷해요. 장음은 음을 길게 늘여 발음하는 것을 말해요.

① 청음

MP3 바로 듣기

あ행 | あ | い | う | え | お |

히라가나 「あ」행은 우리말 [아, 이, 우, 에, 오]처럼 발음하되, 입을 조금 더 작게 벌려서 발음해요. 특히 う는 입모양을 우리말 [우]처럼 만든 다음 [으]소리를 내어 [우]와 [으]의 중간 정도로 발음해요. 이때, 입술을 많이 내밀지 않아요.

한 글자씩 써 보기

아 [a]   세 번째 획은 두 번째 획을 감싸 안듯 둥글게 그어 주세요!

이 [i]   두 번째 획은 첫 번째 획보다 조금 짧게 그어 주세요!

우 [u]   두 번째 획은 살짝 위로 올린 다음 둥글게 그어 주세요!

에 [e]   두 번째 획은 중간에 끊지 말고 끝까지 한 번에 그어 주세요!

오 [o]   두 번째 획은 끊김없이 한 번에 긋되, 오른쪽을 좀 더 크게 휘감듯 그어 주세요!

한 번에 써 보기

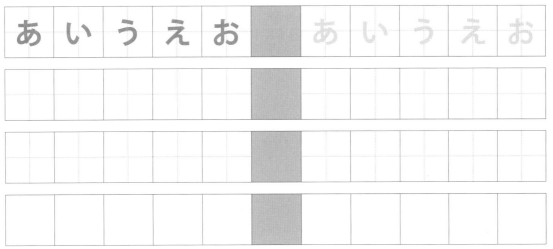

 단어로 써 보기

사랑

말하다

위

역
키[ki]로 발음해요. p.14에서 배우고 써 볼 거예요.

왕

청음

MP3 바로 듣기

か행 | か　き　く　け　こ

히라가나 「か」행은 우리말 [카, 키, 쿠, 케, 코]처럼 발음해요. 단어의 중간이나 끝에 올 때는 우리말 [까, 끼, 꾸, 께, 꼬]에 가깝게 발음해요. 특히 く는 우리말 [쿠]와 [크]의 중간 정도로 발음해요.

 한 글자씩 써 보기

카　[ka]　첫 번째 획과 두 번째 획의 순서를 틀리지 않도록 주의하세요!

키　[ki]　두 번째 획은 첫 번째 획보다 길게 그어 주세요! (서체에 따라 세 번째 획과 네 번째 획을 이어서 ㅎ로 쓰기도 해요.)

쿠　[ku]　90도 각도의 느낌으로 꺾어 주세요!

케　[ke]　첫 번째 획은 위로 살짝 삐치며 마무리하고, 세 번째 획은 살짝 둥글게 내리그어 주세요!

코　[ko]　첫 번째 획은 왼쪽 아래로 살짝 삐치며 마무리하고, 두 번째 획은 첫 번째 획과 간격을 조금 두되 이어지는 느낌으로 그어 주세요!

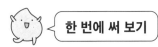

한 번에 써 보기

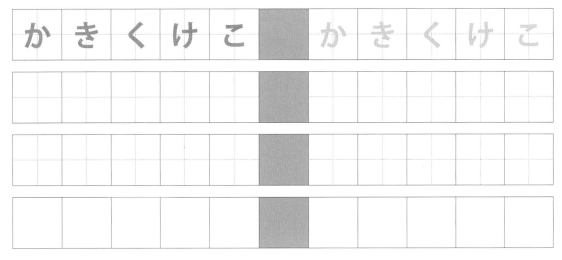

| か | き | く | け | こ | | か | き | く | け | こ |

단어로 써 보기

| か | お | か | お | | | | | | |

얼굴

| き | く | き | く | | | | | | |

듣다, 묻다

| く | う | き | く | う | き | | | | |

공기

| い | け | い | け | | | | | | |

연못

| こ | え | こ | え | | | | | | |

목소리

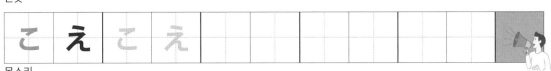

① 청음

MP3 바로 듣기

さ행 | さ し す せ そ

히라가나 「さ」행은 우리말 [사, 시, 스, 세, 소]처럼 발음해요. 특히 す는 [스]에서 입을 조금만 오므려서 [스]와 [수]의 중간 정도로 발음해요.

 한 글자씩 써 보기

사 [sa]　　세 번째 획은 두 번째 획과 이어지는 느낌으로 그어 주세요! (서체에 따라 두 번째 획과 세 번째 획을 이어서 さ로 쓰기도 해요.)

시 [shi]　　시작 부분은 수직으로 쭉 그어 주세요!

스 [su]　　두 번째 획은 첫 번째 획의 가운데보다 약간 오른쪽 위에서 아래로 그은 다음 돼지 꼬리처럼 말아 주세요!

세 [se]　　세 번째 획의 끝은 첫 번째 획의 끝보다 조금 안쪽에서 마무리해 주세요!

소 [so]　　가로로 긋는 부분은 오른쪽이 살짝 위로 올라가게 그어 주세요! (서체에 따라 そ와 같이 쓰기도 해요.)

한 번에 써 보기

さ	し	す	せ	そ		さ	し	す	せ	そ

 단어로 써 보기

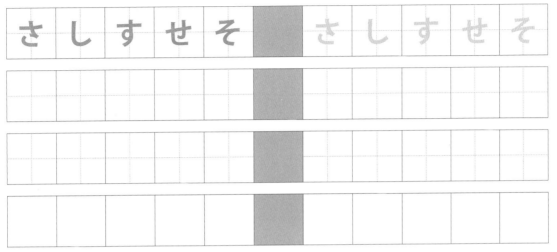

さ	か	さ	か						

언덕

し	お	し	お						

소금

す	し	す	し						

초밥

せ	か	い	せ	か	い				

세계

そ	こ	そ	こ						

바닥

① 청음

た행 | た | ち | つ | て | と |

히라가나 「た」행은 우리말 [타, 치, 츠, 테, 토]처럼 발음해요. 단, 단어의 중간이나 끝에 올 때에는 [따, 찌, 쯔, 떼, 또]에 더 가깝게 발음해요. 특히 つ는 혀를 아랫니 뒤에 붙이고 [츠]와 [추]의 중간 정도로 발음해요.

 한 글자씩 써 보기

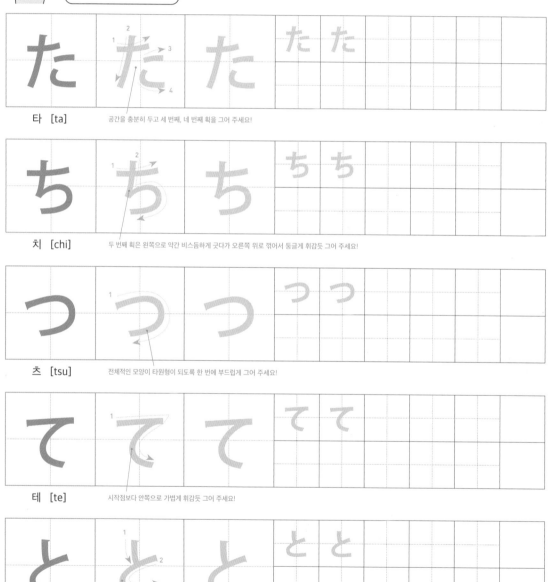

타 [ta]   공간을 충분히 두고 세 번째, 네 번째 획을 그어 주세요!

치 [chi]   두 번째 획은 왼쪽으로 약간 비스듬하게 긋다가 오른쪽 위로 꺾어서 둥글게 휘감듯 그어 주세요!

츠 [tsu]   전체적인 모양이 타원형이 되도록 한 번에 부드럽게 그어 주세요!

테 [te]   시작점보다 안쪽으로 가볍게 휘감듯 그어 주세요!

토 [to]   두 번째 획은 45도 정도 각도로 둥글게 그어 주세요!

한 번에 써 보기

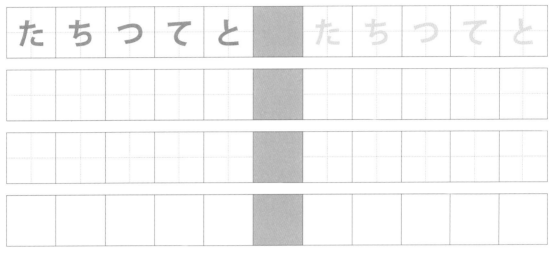

た ち つ て と | | た ち つ て と

 단어로 써 보기

た け | たけ
대나무

ち か て つ | ちかてつ
지하철

つ く え | つくえ
책상

か て い | かてい
가정

と し | とし
도시

CHAPTER 1

해커스 일본어 첫걸음 히라가나 가타카나 쓰기노트

MP3 바로 듣기

な행 | な | に | ぬ | ね | の

히라가나 「な」행은 우리말 [나, 니, 누, 네, 노]처럼 발음해요. 특히 ぬ는 우리말 [누]와 [느]의 중간 정도로 발음해요.

 한 글자씩 써 보기

나 [na] 네 번째 획은 물고기를 그리듯 가볍게 그어 주세요!

니 [ni] 세 번째 획은 두 번째 획보다 조금 더 길게 그어 주세요!

누 [nu] 두 번째 획은 고리를 작게 그리되, 끝점이 첫 번째 획의 끝점보다 지나치게 내려가지 않도록 그어 주세요!

네 [ne] 두 번째 획의 고리가 첫 번째 획의 끝점보다 위에 오도록 그어 주세요!

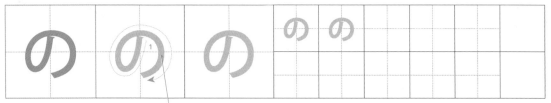

노 [no] 전체적인 모양이 원이 되도록 둥글게 그어 주세요!

한 번에 써 보기

な	に	ぬ	ね	の		な	に	ぬ	ね	の

단어로 써 보기

な	つ	な	つ							

여름

に	く	に	く							

고기

ぬ	の	ぬ	の							

천

ね	こ	ね	こ							

고양이

の	う	の	う							

뇌

CHAPTER 1

히라가나 써 보기

해커스 일본어 첫걸음 히라가나 가타카나 쓰기노트

MP3 바로 듣기

は행   は ひ ふ へ ほ

히라가나 「は」행은 우리말 [하, 히, 후, 헤, 호]처럼 발음해요. 특히 ふ는 우리말 [후]처럼 입술을 내미는 것이 아니라, 영어 [fu]를 발음하듯 입모양을 하되 윗니와 아랫입술이 닿지 않도록 하면서 소리를 내요.

 한 글자씩 써 보기

하 [ha]   충분히 공간을 두고 두 번째, 세 번째 획을 그어 주세요!

히 [hi]   왼쪽으로 약간 치우친 느낌으로 그어 주세요!

후 [fu]   두 번째 획은 첫 번째 획과 약간 간격을 두되 연결되는 느낌으로 그어 주세요!

헤 [he]   왼쪽 부분보다 오른쪽 부분을 길게 그어 주세요!

호 [ho]   네 번째 획의 시작점이 두 번째 획 위로 튀어나오지 않게 그어 주세요!

한 번에 써 보기

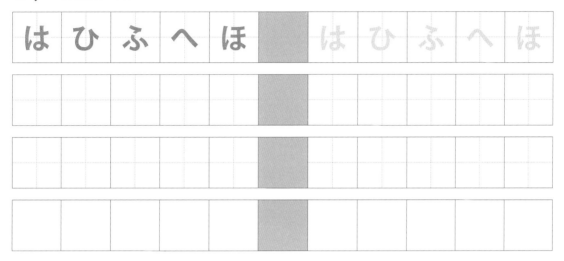

단어로 써 보기

꽃

사람

옷

배꼽

별

| ま행 | ま | み | む | め | も |

MP3 바로 듣기

히라가나 「ま」행은 우리말 [마, 미, 무, 메, 모]처럼 발음해요. 특히 む는 우리말 [무]와 [므]의 중간 정도로 발음해요.

한 글자씩 써 보기

마 [ma]
두 번째 획은 첫 번째 획보다 짧게 그어 주세요!

미 [mi]
두 번째 획이 너무 길지 않게 주의하세요!

무 [mu]
두 번째 획은 고리를 작게 그린 후 붓을 위로 들어 올리듯 마무리해 주세요!

메 [me]
두 번째 획은 첫 번째 획의 끝을 관통해서 둥글게 그어 주세요!

모 [mo]
세로 획을 먼저 긋는 것에 주의하세요!

한 번에 써 보기

ま	み	む	め	も		ま	み	む	め	も

 단어로 써 보기

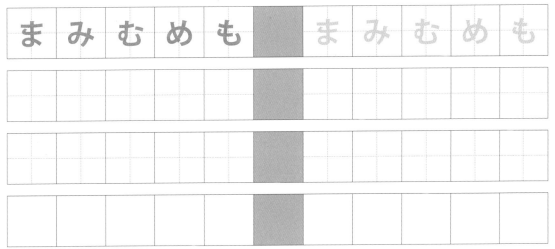

ま	え	ま	え							

앞

み	せ	み	せ							

가게

む	し	む	し							

벌레

あ	め	あ	め							

비

も	も	も	も							

복숭아

CHAPTER 1

하라가나 써 보기

해커스 일본어 첫걸음 히라가나 가타카나 쓰기노트

① 청음

MP3 바로 듣기

히라가나 「や」행은 우리말 [야, 유, 요]처럼 발음해요.

한 글자씩 써 보기

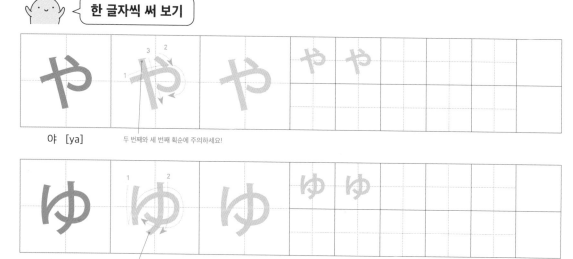

야 [ya] 두 번째와 세 번째 획순에 주의하세요!

유 [yu] 두 번째 획의 끝을 살짝 왼쪽으로 삐치듯 마무리해 주세요!

요 [yo] 두 번째 획의 시작 부분은 수직으로 내리긋고, 끝점은 고리 아래 부분과 높이를 맞춰 주세요!

한 번에 써 보기

や	ゆ	よ		や	ゆ	よ		や	ゆ	よ

 단어로 써 보기

や	お	や	や	お	や				

야채가게

ゆ	め	ゆ	め						

꿈

よ	こ	よ	こ						

옆

MP3 바로 듣기

ら행 ら り る れ ろ

히라가나 「ら」행은 우리말 [라, 리, 루, 레, 로]처럼 발음해요. る는 우리말 [루]와 [르]의 중간 정도로 발음해요.

 한 글자씩 써 보기

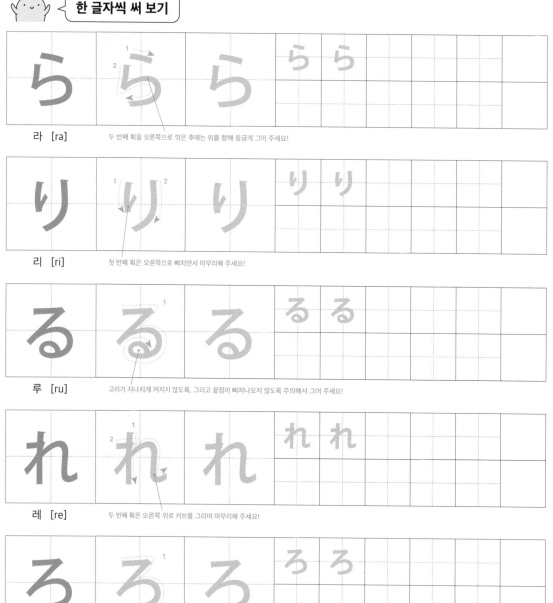

라 [ra]   두 번째 획을 오른쪽으로 꺾은 후에는 위를 향해 둥글게 그어 주세요!

리 [ri]   첫 번째 획은 오른쪽으로 삐치면서 마무리해 주세요!

루 [ru]   고리가 지나치게 커지지 않도록, 그리고 끝점이 삐져나오지 않도록 주의해서 그어 주세요!

레 [re]   두 번째 획은 오른쪽 위로 커브를 그리며 마무리해 주세요!

로 [ro]   획의 끝 부분을 말아 올리지 말고, 쭉 뻗어 주세요!

한 번에 써 보기

ら	り	る	れ	ろ		ら	り	る	れ	ろ

 단어로 써 보기

そ	ら	そ	ら							

하늘

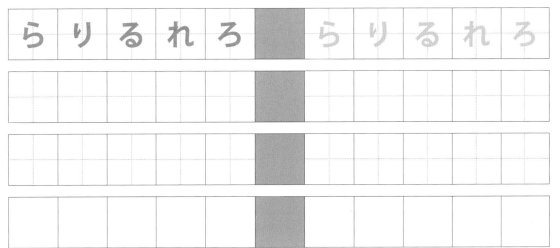

く	す	り	く	す	り					

약

は	る	は	る							

봄

れ	つ	れ	つ							

줄

い	ろ	い	ろ							

색

청음

わ행 わ を

히라가나 「わ」행은 우리말 [와, 오]처럼 발음해요. を는 あ행의 お[오]와 발음이 같고, 조사로만 사용해요.

 한 글자씩 써 보기

와 [wa]

두 번째 획은 원을 그리듯 오른쪽으로 크게 둥글리며 마무리해 주세요!

오 [wo]

두 번째 획은 꺾은 후 수직으로 내리그어 주세요!

を는 '~을/를'이라는 뜻의 조사로만 사용돼요. 단어에는 사용하지 않아요.

한 번에 써 보기

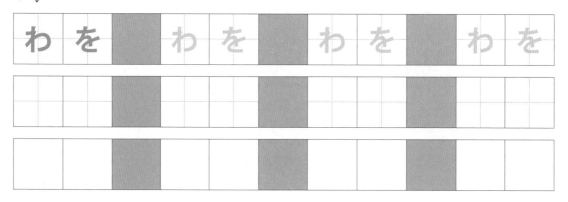

 단어로 써 보기

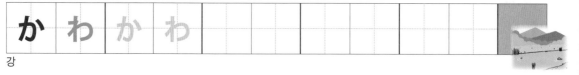

강

MP3 바로 듣기

ん ん

히라가나 「ん」은 우리말 [응]처럼 발음해요. ん은 청음이 아닌 발음(撥音)으로 어느 행에도 속하지 않지만, 오십음도에 있는 기본적인 글자 중 하나이기 때문에 여기서 써 볼 거예요.

 한 글자씩 써 보기

응 [n]

시작 부분은 비스듬하게 직선으로 긋고, 끊어지지 않게 한 번에 그어 주세요!

 단어로 써 보기

일본

날씨

공원

비슷한 글자 모아 써 보기

모양이 비슷해서 헷갈리는 히라가나 글자들만 모아 같이 써 보세요. 특히 획순과 모양에 주의해서 써 보아요.

아 [a]

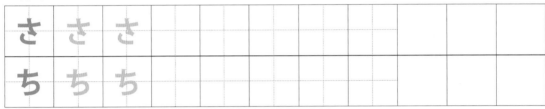

오 [o]

사 [sa]

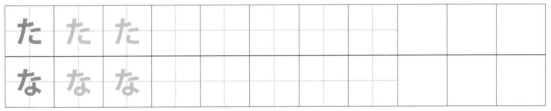

치 [chi]

타 [ta]

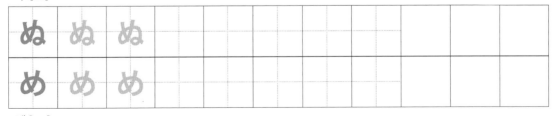

나 [na]

누 [nu]

메 [me]

네 [ne]

ね	ね	ね							
れ	れ	れ							

레 [re]

하 [ha]

は	は	は							
ほ	ほ	ほ							

호 [ho]

마 [ma]

ま	ま	ま							
も	も	も							

모 [mo]

루 [ru]

る	る	る							
ろ	ろ	ろ							

로 [ro]

쓰기 퀴즈

1. 각 단어의 빈칸에 우리말 발음에 해당하는 글자를 보기에서 찾아 써서 단어를 완성해 보세요.

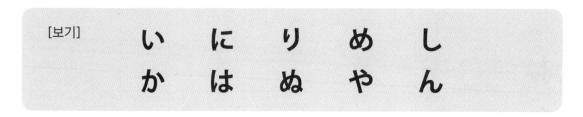

[보기]

い　に　り　め　し
か　は　ぬ　や　ん

사랑

아　이

| あ | |

언덕

사　까

| さ | |

소금

시　오

| | お |

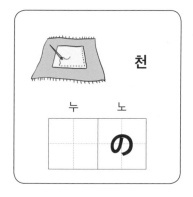

천

누　노

| | の |

꽃

하　나

| | な |

비

아　메

| あ | |

야채가게

야　오　야

| | お | |

약

쿠　스　리

| く | す | |

일본

니　호　응

| | ほ | |

2. 사진 속 히라가나를 빈칸에 직접 써 보고 읽어 보세요.

고향

게

차갑다

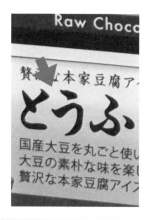

오키나와 (지명)

두부

베개

② 탁음 · 반탁음

MP3 바로 듣기

が행   が ぎ ぐ げ ご

탁음 「が」행은 우리말 [가, 기, 구, 게, 고]처럼 발음해요.

  한 글자씩 써 보기

가 [ga]   탁점은 청음 글자에 바짝 붙여서 비스듬하고 평행하게 그어 주세요!

기 [gi]

구 [gu]   탁점이 안으로 들어오게 그어 주세요!

게 [ge]

고 [go]   탁점이 첫 번째 획보다 위로 올라오지 않게 그어 주세요!

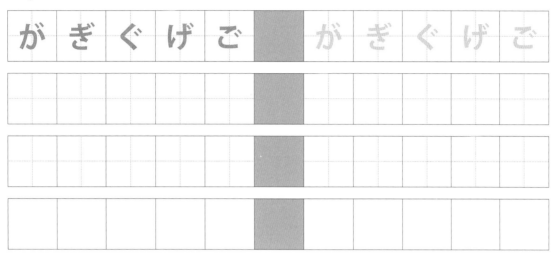

한 번에 써 보기

が ぎ ぐ げ ご | が ぎ ぐ げ ご

단어로 써 보기

が か | が か
화가

ね ぎ | ね ぎ
파

え の ぐ | え の ぐ
물감

ひ げ | ひ げ
수염

ご は ん | ご は ん
밥

❷ 탁음 · 반탁음

MP3 바로 듣기

탁음 「ざ」행은 우리말 [자, 지, 즈, 제, 조]처럼 발음하되, ざ, ず, ぜ, ぞ는 영어의 [z] 발음에 더 가깝게 발음해야 해요.

 한 글자씩 써 보기

자 [za]

지 [ji]   탁점은 첫 번째 획의 시작점보다 아래에 그어 주세요!

즈 [zu]

제 [ze]

조 [zo]

한 번에 써 보기

ざ	じ	ず	ぜ	ぞ			ざ	じ	ず	ぜ	ぞ

 단어로 써 보기

ざ	せ	き	ざ	せ	き						

좌석

じ	か	ん	じ	か	ん						

시간

み	ず	み	ず								

물

か	ぜ	か	ぜ								

바람

ぞ	う	ぞ	う								

코끼리

❷ 탁음 · 반탁음

だ행 | だ ぢ づ で ど

탁음 「だ」행은 우리말 [다, 지, 즈, 데, 도]처럼 발음하되, づ는 영어의 [z] 발음에 좀 더 가깝게 발음해요.

한 글자씩 써 보기

だ
다 [da]

ぢ
지 [ji]

づ
즈 [zu]

で
데 [de]   탁점은 첫 번째 획 시작 부분의 직선보다 약간 아래에 그어 주세요!

ど
도 [do]

한 번에 써 보기

だ	ぢ	づ	で	ど		だ	ぢ	づ	で	ど

 단어로 써 보기

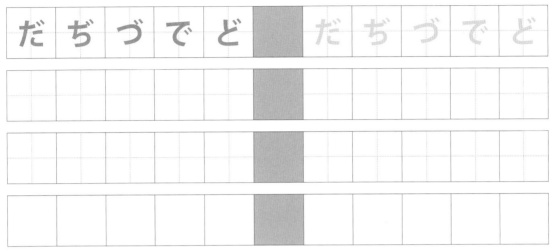

だ	ん	ご	だ	ん	ご					

경단

は	な	ぢ	は	な	ぢ					

코피

み	か	づ	き	み	か	づ	き		

초승달

で	ん	き	で	ん	き					

전기

ど	ん	ぐ	り	ど	ん	ぐ	り		

도토리

② 탁음·반탁음

MP3 바로 듣기

| ば행 | ば | び | ぶ | べ | ぼ |

탁음「ば」행은 우리말 [바, 비, 부, 베, 보]처럼 발음해요.

 한 글자씩 써 보기

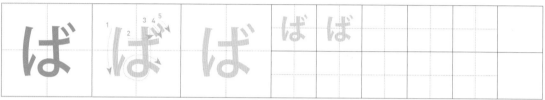

바 [ba]

비 [bi]

부 [bu]

베 [be]

보 [bo]

한 번에 써 보기

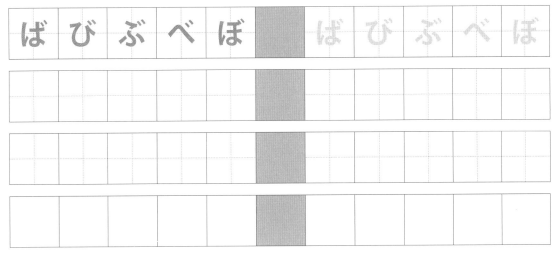

ば	び	ぶ	べ	ぼ		ば	び	ぶ	べ	ぼ

 단어로 써 보기

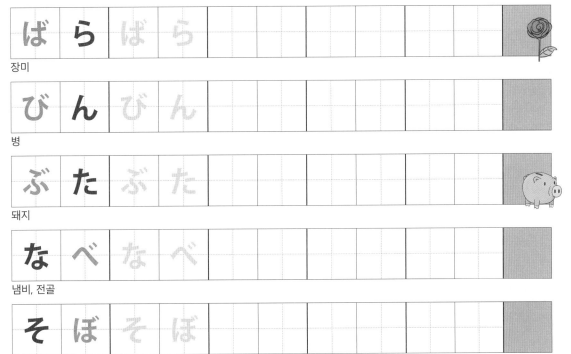

ば	ら	ば	ら							

장미

び	ん	び	ん							

병

ぶ	た	ぶ	た							

돼지

な	べ	な	べ							

냄비, 전골

そ	ぼ	そ	ぼ							

할머니

탁음 · 반탁음

반탁음 「ぱ」행은 우리말 [파, 피, 푸, 페, 포]처럼 발음하되, 단어의 중간이나 끝에 올 때에는 우리말 [빠, 삐, 뿌, 뻬, 뽀]에 가깝게 발음해요.

 한 글자씩 써 보기

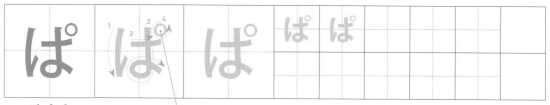

파 [pa]　　　반탁점은 글자 오른쪽 상단에 둥글고 예쁜 원을 작게 그려 주세요!

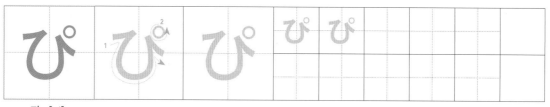

피 [pi]

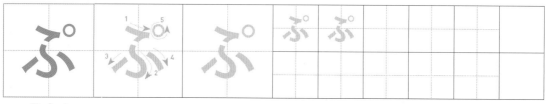

푸 [pu]

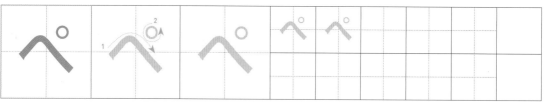

페 [pe]

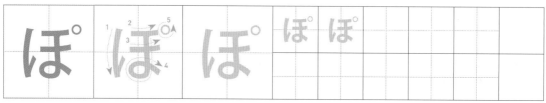

포 [po]

한 번에 써 보기

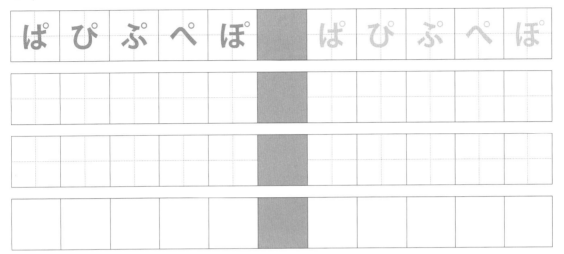

ぱ	ぴ	ぷ	ぺ	ぽ		ぱ	ぴ	ぷ	ぺ	ぽ

 단어로 써 보기

せ	ん	ぱ	い	せ	ん	ぱ	い
선배

え	ん	ぴ	つ	え	ん	ぴ	つ
연필

せ	ん	ぷ	う	き	せ	ん	ぷ	う	き
선풍기

た	ん	ぺ	ん	た	ん	ぺ	ん
단편

さ	ん	ぽ	さ	ん	ぽ
산책

쓰기 퀴즈

1. 각 단어의 빈칸에 우리말 발음에 해당하는 글자를 보기에서 찾아 써서 단어를 완성해 보세요.

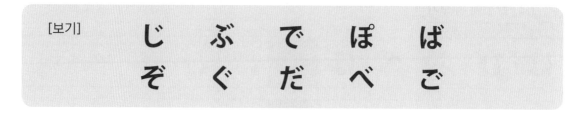

[보기]

じ　ぶ　で　ぽ　ば
ぞ　ぐ　だ　べ　ご

시간

지	까	응
	か	ん

물감

에	노	구
え	の	

코끼리

조	우
	う

장미

바	라
	ら

돼지

부	따
	た

경단

다	응	고
	ん	

냄비, 전골

나	베
な	

전기

데	응	끼
	ん	き

산책

사	응	뽀
さ	ん	

2. 사진 속 히라가나를 빈칸에 직접 써 보고 읽어 보세요.

우동

딸기

시나가와 (지명)

나가사키 (지명)

타는 곳

만화

 **3 요음**

MP3 바로 듣기

か행	きゃ	きゅ	きょ		**さ행**	しゃ	しゅ	しょ

요음「か」행은 우리말 [캬, 큐, 쿄]처럼 발음하고, 요음「さ」행은 우리말 [샤, 슈, 쇼]처럼 발음해요.

きゃ きゃ　　　　きゃ
캬 [kya]
크기가 커지면 다른 글자가 되어 버리므로 작게 써 주세요!
きゃく
손님

きゅ きゅ　　　　きゅ
큐 [kyu]
きゅう
구(숫자)

きょ きょ　　　　きょ
쿄 [kyo]
きょうだい
형제

しゃ しゃ　　　　しゃ
샤 [sha]
しゃしん
사진

しゅ しゅ　　　　しゅ
슈 [shu]
しゅくだい
숙제

しょ しょ　　　　しょ
쇼 [sho]
しょくどう
식당

MP3 바로 듣기

| た행 | ちゃ | ちゅ | ちょ | | な행 | にゃ | にゅ | にょ |

요음 「た」행은 우리말 [챠, 츄, 쵸]처럼 발음하고, 요음 「な」행은 우리말 [냐, 뉴, 뇨]처럼 발음해요.

| ちゃ | ちゃ | | | ちゃ | | | **ちゃわん** |
| | | | | | | | 밥그릇 |

챠 [cha]

| ちゅ | ちゅ | | | ちゅ | | | **ちゅうしゃ** |
| | | | | | | | 주차 |

츄 [chu]

| ちょ | ちょ | | | ちょ | | | **ちょう** |
| | | | | | | | 나비 |

쵸 [cho]

| にゃ | にゃ | | | にゃ | | | **こんにゃく** |
| | | | | | | | 곤약 |

냐 [nya]

| にゅ | にゅ | | | にゅ | | | **にゅういん** |
| | | | | | | | 입원 |

뉴 [nyu]

| にょ | にょ | | | にょ | | | **にょうぼう** |
| | | | | | | | 처, 아내 |

뇨 [nyo]

3 요음

MP3 바로 듣기

| **は행** | ひゃ | ひゅ | ひょ | **ま행** | みゃ | みゅ | みょ |

요음 「は」행은 우리말 [햐, 휴, 효]처럼 발음하고, 요음 「ま」행은 우리말 [먀, 뮤, 묘]처럼 발음해요.

| ひゃ | ひゃ | | | ひゃ | | | **ひゃく**
백(숫자) |

햐 [hya]

| ひゅ | ひゅ | | | ひゅ | | | **ひゅう**
쏴
(바람 부는
소리) |

휴 [hyu]

| ひょ | ひょ | | | ひょ | | | **ひょう**
표 |

효 [hyo]

| みゃ | みゃ | | | みゃ | | | **さんみゃく**
산맥 |

먀 [mya]

| みゅ | みゅ | | | みゅ | | | |

뮤 [myu]

みゅ가 사용되는 히라가나 단어는 없어요.

| みょ | みょ | | | みょ | | | **みょうじ**
성(이름) |

묘 [myo]

MP3 바로 듣기

| ら행 | りゃ りゅ りょ | が행 | ぎゃ ぎゅ ぎょ |

요음 「ら」행은 우리말 [랴, 류, 료]처럼 발음하고, 요음 「が」행은 우리말 [갸, 규, 교]처럼 발음해요.

| りゃ | りゃ | | りゃ | | | しょうりゃく 생략 |
| 랴 [rya] |
| りゅ | りゅ | | りゅ | | | りゅうがく 유학 |
| 류 [ryu] |
| りょ | りょ | | りょ | | | りょうり 요리 |
| 료 [ryo] |
| ぎゃ | ぎゃ | | ぎゃ | | | ぎゃく 거꾸로 |
| 갸 [gya] |
| ぎゅ | ぎゅ | | ぎゅ | | | ぎゅうにゅう 우유 |
| 규 [gyu] |
| ぎょ | ぎょ | | ぎょ | | | きんぎょ 금붕어 |
| 교 [gyo] |

3 요음

| ざ행 | じゃ じゅ じょ | | ば행 | びゃ びゅ びょ |

요음 「ざ」행은 우리말 [쟈, 쥬, 죠]처럼 발음하고, 요음 「ば」행은 우리말 [뱌, 뷰, 뵤]처럼 발음해요.

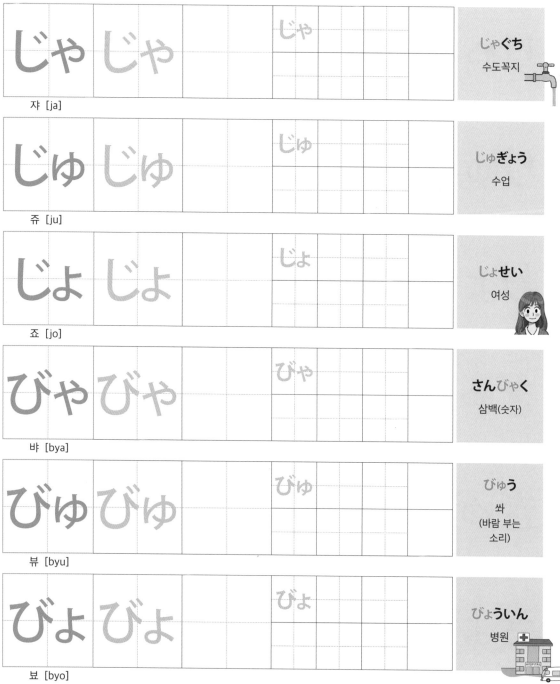

じゃ じゃ			じゃ				**じゃぐち** 수도꼭지
쟈 [ja]							
じゅ じゅ			じゅ				**じゅぎょう** 수업
쥬 [ju]							
じょ じょ			じょ				**じょせい** 여성
죠 [jo]							
びゃ びゃ			びゃ				**さんびゃく** 삼백(숫자)
뱌 [bya]							
びゅ びゅ			びゅ				**びゅう** 쏴 (바람 부는 소리)
뷰 [byu]							
びょ びょ			びょ				**びょういん** 병원
뵤 [byo]							

MP3 바로 듣기

| ぱ행 | ぴゃ | ぴゅ | ぴょ |

요음 「ぱ」행은 우리말 [퍄, 퓨, 표]처럼 발음해요.

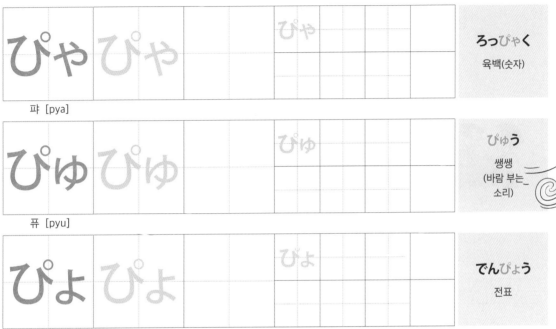

ぴゃ ぴゃ   ぴゃ

퍄 [pya]

ろっぴゃく
육백(숫자)

ぴゅ ぴゅ   ぴゅ

퓨 [pyu]

ぴゅう
쌩쌩
(바람 부는
소리)

ぴょ ぴょ   ぴょ

표 [pyo]

でんぴょう
전표

CHAPTER 1

히라가나 써 보기　해커스 일본어 첫걸음 히라가나 가타카나 쓰기노트

쓰기 퀴즈

1. 각 단어의 빈칸에 우리말 발음에 해당하는 글자를 보기에서 찾아 써서 단어를 완성해 보세요.

[보기] きゃ じゃ ぎょ じょ しゃ
じゅ ひゃ ちゃ りょ ちゅ

손님

캬	꾸
	く

주차

츄	우	샤
	う	

여성

죠	세	이
	せ	い

수도꼭지

샤	구	찌
	ぐ	ち

수업

쥬	교	우
		う

밥그릇

챠	와	응
	わ	ん

100 백 (숫자)

햐	꾸
	く

사진

샤	시	응
	し	ん

요리

료	우	리
	う	り

2. 사진 속 히라가나를 빈칸에 직접 써 보고 읽어 보세요.

신주쿠 (지명)

장난감

오늘

몬쟈 (음식)

간장

감자

④ 촉음·발음·장음

MP3 바로 듣기

 촉음

촉음은 청음 つ를 작게(っ) 표시해서 뒤에 오는 글자에 따라 우리말의 받침 'ㄱ, ㅅ, ㄷ, ㅂ'처럼 소리를 내는 발음이에요. 받침처럼 발음하지만 엄연히 한 글자이기 때문에 한 박자로 발음해야 해요. CHAPTER 2에서 배울 가타카나의 촉음(ッ)도 히라가나와 동일하게 발음해요.

 촉음 っ 뒤에 か행이 오면, 「ㄱ받침」처럼 발음해요.

가 ㄱ 끼
がっき 악기

이 ㄱ 꼬
いっこ 한 개

미 ㄱ 까
みっか 3일

 촉음 っ 뒤에 さ행이 오면, 「ㅅ받침」처럼 발음해요.

자 ㅅ 시
ざっし 잡지

케 ㅅ 세 끼
けっせき 결석

이 ㅅ 쇼
いっしょ 함께 함

 촉음 っ 뒤에 た행이 오면, 「ㄷ받침」처럼 발음해요.

아 사 ㄷ 떼
あさって 모레

야 ㄷ 쯔
やっつ 여덟

아 ㄷ 찌
あっち 저쪽

 촉음 っ 뒤에 ぱ행이 오면, 「ㅂ받침」처럼 발음해요.

시 ㅂ 뽀
しっぽ 꼬리

하 ㅂ 빠
はっぱ 나뭇잎

라 ㅂ 빠
らっぱ 나팔

MP3 바로 듣기

발음

발음(撥音)은 히라가나 ん이 뒤에 오는 글자에 따라 우리말의 받침 'ㅁ, ㄴ, ㅇ' 또는 콧소리 ㅇ처럼 소리를 내는 발음이에요. 받침처럼 발음하지만 엄연히 한 글자이기 때문에 한 박자로 발음해야 해요. 이때, 앞 글자를 길게 늘려서 발음하는 것이 포인트예요. CHAPTER 2에서 배울 가타카나의 발음(ン)도 히라가나와 동일하게 발음해요.

발음 ん 뒤에 ま, ば, ぱ행이 오면, 「ㅁ받침」처럼 발음해요.

사 암 마
さんま 꽁치

코 음 부
こんぶ 다시마

시 임 빠 이
しんぱい 걱정

발음 ん 뒤에 さ, ざ, た, だ, な, ら행이 오면, 「ㄴ받침」처럼 발음해요.

카 안 지
かんじ 한자

아 안 나 이
あんない 안내

베 엔 리
べんり 편리

발음 ん 뒤에 か, が행이 오면, 「ㅇ받침」처럼 발음해요.

카 앙 가 에
かんがえ 생각

테 엥 끼
てんき 날씨

오 옹 가 꾸
おんがく 음악

발음 ん 뒤에 あ, は, や, わ행이 오거나 ん으로 끝나면, 콧소리에 가까운 「ㅇ받침」으로 발음해요.

호 옹 야
ほんや 책방

데 엥 와
でんわ 전화

미 까 앙
みかん 귤

❹ 촉음·발음·장음

장음

장음은 각 단의 글자 뒤에 あ행(あ·い·う·え·お)이 올 경우, あ행의 발음을 하지 않고 앞글자를 길게 소리내는 발음이에요. おばあさん(오바-상, 할머니)과 おばさん(오바상, 아주머니)처럼 장음을 구별하여 발음하지 않으면 뜻이 달라지는 경우도 있으니 주의해서 발음해야 해요.

MP3 바로 듣기

あ단과 요음 ゃ 뒤에 「あ」가 오면 장음으로 발음해요.

오 까- 상
おかあさん 엄마

오 바- 상
おばあさん 할머니

쟈-
じゃあ 그럼

い단 뒤에 「い」가 오면 장음으로 발음해요.

오 니- 상
おにいさん 형, 오빠

오 지- 상
おじいさん 할아버지

치- 사 이
ちいさい 작다

う단과 요음 ゅ의 뒤에 「う」가 오면 장음으로 발음해요.

스- 가 꾸
すうがく 수학

쿠- 끼
くうき 공기

큐- 리
きゅうり 오이

え단 뒤에 「い」와 「え」가 오면 장음으로 발음해요.

에- 가
えいが 영화

케- 까꾸
けいかく 계획

오 네- 상
おねえさん 누나, 언니

お단과 요음 ょ 뒤에 「う」와 「お」가 오면 장음으로 발음해요.

오 또- 상
おとうさん 아빠

코- 리
こおり 얼음

쿄-
きょう 오늘

 가타카나 단어에서는 장음을 기호 「ー」로 나타내요.

코- 라
コーラ 콜라

코- 히-
コーヒー 커피

시 - 또
シート 시트

가타카나는 CHAPTER 2에서 배울거예요.

히라가나 한 번에 써 보기

① 청음　히라가나 청음 글자를 각 네모칸에 써 보세요. 잘 기억나지 않는 글자는 p.10을 보고 써 보세요.

	あ단	い단	う단	え단	お단
あ행	아 [a]	이 [i]	우 [u]	에 [e]	오 [o]
か행	카 [ka]	키 [ki]	쿠 [ku]	케 [ke]	코 [ko]
さ행	사 [sa]	시 [shi]	스 [su]	세 [se]	소 [so]
た행	타 [ta]	치 [chi]	츠 [tsu]	테 [te]	토 [to]
な행	나 [na]	니 [ni]	누 [nu]	네 [ne]	노 [no]
は행	하 [ha]	히 [hi]	후 [fu]	헤 [he]	호 [ho]
ま행	마 [ma]	미 [mi]	무 [mu]	메 [me]	모 [mo]
や행	야 [ya]		유 [yu]		요 [yo]
ら행	라 [ra]	리 [ri]	루 [ru]	레 [re]	로 [ro]
わ행	와 [wa]				오 [wo]
ん			응 [n]		

② **탁음·반탁음** 히라가나 탁음·반탁음 글자를 각 네모칸에 써 보세요. 잘 기억나지 않는 글자는 p.11을
보고 써 보세요.

	あ단	い단	う단	え단	お단
が행	가 [ga]	기 [gi]	구 [gu]	게 [ge]	고 [go]
ざ행	자 [za]	지 [ji]	즈 [zu]	제 [ze]	조 [zo]
だ행	다 [da]	지 [ji]	즈 [zu]	데 [de]	도 [do]
ば행	바 [ba]	비 [bi]	부 [bu]	베 [be]	보 [bo]
ぱ행	파 [pa]	피 [pi]	푸 [pu]	페 [pe]	포 [po]

③ **요음** 히라가나 요음 글자를 각 네모칸에 써 보세요. 잘 기억나지 않는 글자는 p.11을 보고 써 보세요.

	や	ゆ	よ
か행	캬 [kya]	큐 [kyu]	쿄 [kyo]
さ행	샤 [sha]	슈 [shu]	쇼 [sho]
た행	챠 [cha]	츄 [chu]	쵸 [cho]
な행	냐 [nya]	뉴 [nyu]	뇨 [nyo]
は행	햐 [hya]	휴 [hyu]	효 [hyo]
ま행	먀 [mya]	뮤 [myu]	묘 [myo]

	や	ゆ	よ
ら행	랴 [rya]	류 [ryu]	료 [ryo]
が행	갸 [gya]	규 [gyu]	교 [gyo]
ざ행	쟈 [ja]	쥬 [ju]	죠 [jo]
ば행	뱌 [bya]	뷰 [byu]	뵤 [byo]
ぱ행	퍄 [pya]	퓨 [pyu]	표 [pyo]

CHAPTER

2

가타카나 써 보기

가타카나 한 눈에 보기

가타카나는 외래어를 표기하거나 문장에서 특별히 강조하고 싶은 부분에 사용하는 문자예요.
가타카나의 청음, 탁음·반탁음, 요음의 글자는 모두 히라가나 글자와 일대일로 대응돼요.
오른쪽 QR코드로 각 글자의 발음을 들으며 따라 읽어 보세요.

MP3 바로 듣기

① 청음

	ア단	イ단	ウ단	エ단	オ단
ア행	ア 아 [a]	イ 이 [i]	ウ 우 [u]	エ 에 [e]	オ 오 [o]
カ행	カ 카 [ka]	キ 키 [ki]	ク 쿠 [ku]	ケ 케 [ke]	コ 코 [ko]
サ행	サ 사 [sa]	シ 시 [shi]	ス 스 [su]	セ 세 [se]	ソ 소 [so]
タ행	タ 타 [ta]	チ 치 [chi]	ツ 츠 [tsu]	テ 테 [te]	ト 토 [to]
ナ행	ナ 나 [na]	ニ 니 [ni]	ヌ 누 [nu]	ネ 네 [ne]	ノ 노 [no]
ハ행	ハ 하 [ha]	ヒ 히 [hi]	フ 후 [fu]	ヘ 헤 [he]	ホ 호 [ho]
マ행	マ 마 [ma]	ミ 미 [mi]	ム 무 [mu]	メ 메 [me]	モ 모 [mo]
ヤ행	ヤ 야 [ya]		ユ 유 [yu]		ヨ 요 [yo]
ラ행	ラ 라 [ra]	リ 리 [ri]	ル 루 [ru]	レ 레 [re]	ロ 로 [ro]
ワ행	ワ 와 [wa]				ヲ 오 [wo]
ン			ン 응 [n]		

ン은 청음이 아닌 발음(撥音)으로 어느 행에도 속하지 않아요. 하지만 일본어 문자 학습에 용이하도록 청음과 함께 오십음도에 포함해요.

② 탁음·반탁음

	ア단	イ단	ウ단	エ단	オ단
ガ행	ガ 가 [ga]	ギ 기 [gi]	グ 구 [gu]	ゲ 게 [ge]	ゴ 고 [go]
ザ행	ザ 자 [za]	ジ 지 [ji]	ズ 즈 [zu]	ゼ 제 [ze]	ゾ 조 [zo]
ダ행	ダ 다 [da]	ヂ 지 [ji]	ヅ 즈 [zu]	デ 데 [de]	ド 도 [do]
バ행	バ 바 [ba]	ビ 비 [bi]	ブ 부 [bu]	ベ 베 [be]	ボ 보 [bo]
パ행	パ 파 [pa]	ピ 피 [pi]	プ 푸 [pu]	ペ 페 [pe]	ポ 포 [po]

③ 요음

	ヤ	ユ	ヨ		ヤ	ユ	ヨ
カ행	キャ 캬 [kya]	キュ 큐 [kyu]	キョ 쿄 [kyo]	ラ행	リャ 랴 [rya]	リュ 류 [ryu]	リョ 료 [ryo]
サ행	シャ 샤 [sha]	シュ 슈 [shu]	ショ 쇼 [sho]	ガ행	ギャ 갸 [gya]	ギュ 규 [gyu]	ギョ 교 [gyo]
タ행	チャ 챠 [cha]	チュ 츄 [chu]	チョ 쵸 [cho]	ザ행	ジャ 쟈 [ja]	ジュ 쥬 [ju]	ジョ 죠 [jo]
ナ행	ニャ 냐 [nya]	ニュ 뉴 [nyu]	ニョ 뇨 [nyo]	バ행	ビャ 뱌 [bya]	ビュ 뷰 [byu]	ビョ 뵤 [byo]
ハ행	ヒャ 햐 [hya]	ヒュ 휴 [hyu]	ヒョ 효 [hyo]	パ행	ピャ 퍄 [pya]	ピュ 퓨 [pyu]	ピョ 표 [pyo]
マ행	ミャ 먀 [mya]	ミュ 뮤 [myu]	ミョ 묘 [myo]				

① 청음

MP3 바로 듣기

| **ア행** | ア | イ | ウ | エ | オ |

가타카나 「ア」행은 우리말 [아, 이, 우, 에, 오]처럼 발음하되, 입을 조금 더 작게 벌려서 발음해요. 특히 ウ는 입모양을 우리말 [우]처럼 만든 다음 [으]소리를 내어 [우]와 [으]의 중간 정도로 발음해요. 이때, 입술을 많이 내밀지 않아요.

한 글자씩 써 보기

아 [a]
두 번째 획은 첫 번째 획과 붙지 않게 그어 주세요!

이 [i]
두 번째 획은 수직으로 곧게, 그리고 첫 번째 획의 길이보다 짧게 그어 주세요!

우 [u]
세 번째 획이 두 번째 획보다 안쪽에서 끝나도록 그어 주세요!

에 [e]
세 번째 획은 첫 번째 획보다 길게 그어 주세요!

오 [o]
두 번째 획은 왼쪽으로 살짝 삐치듯 마무리해 주세요!

한 번에 써 보기

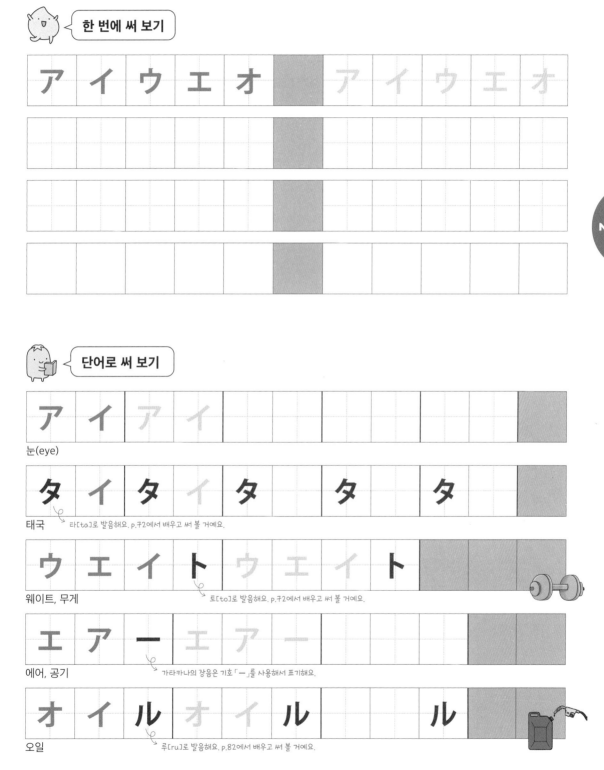

ア	イ	ウ	エ	オ		ア	イ	ウ	エ	オ

단어로 써 보기

ア	イ	ア	イ							

눈(eye)

タ	イ	タ	イ	タ		タ		タ		

태국 　타[ta]로 발음해요. p.72에서 배우고 써 볼 거예요.

ウ	エ	イ	ト	ウ	エ	イ	ト			

웨이트, 무게 　토[to]로 발음해요. p.72에서 배우고 써 볼 거예요.

エ	ア	ー	エ	ア	ー					

에어, 공기 　가타카나의 장음은 기호 「ー」를 사용해서 표기해요.

オ	イ	ル	オ	イ	ル			ル		

오일 　루[ru]로 발음해요. p.82에서 배우고 써 볼 거예요.

MP3 바로 듣기

カ행 | カ | キ | ク | ケ | コ |

가타카나 「カ」행은 우리말 [카, 키, 쿠, 케, 코]처럼 발음해요. 단어의 중간이나 끝에 올 때는 우리말 [까, 끼, 꾸, 께, 꼬] 에 가깝게 발음해요. 특히, ク는 우리말 [쿠]와 [크]의 중간 정도로 발음해요.

한 글자씩 써 보기

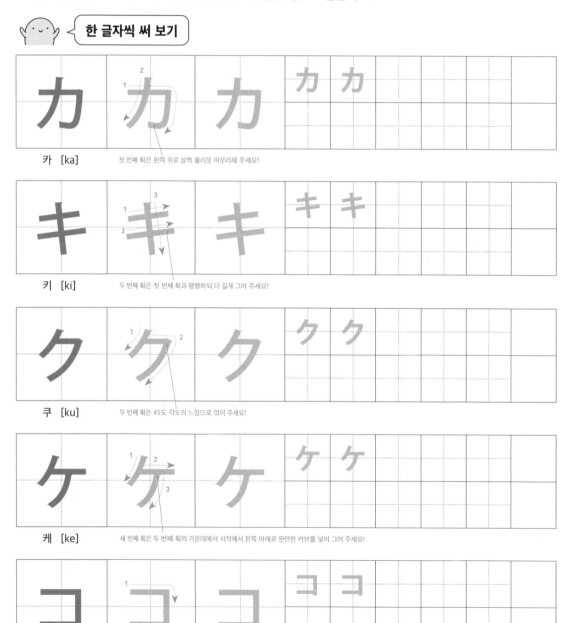

카 [ka]
첫 번째 획은 왼쪽 위로 살짝 올리듯 마무리해 주세요!

키 [ki]
두 번째 획은 첫 번째 획과 평행하되 더 길게 그어 주세요!

쿠 [ku]
두 번째 획은 45도 각도의 느낌으로 꺾어 주세요!

케 [ke]
세 번째 획은 두 번째 획의 가운데에서 시작해서 왼쪽 아래로 완만한 커브를 넣어 그어 주세요!

코 [ko]
두 번째 획은 첫 번째 획과 평행하면서 첫 번째 획을 넘어가지 않게 그어 주세요!

한 번에 써 보기

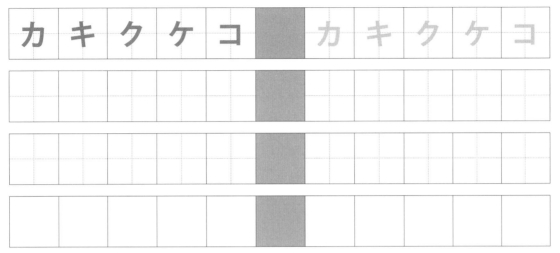

단어로 써 보기

カ ー カ ー
자동차

キ ー キ ー
열쇠

ク ー ラ ー ク ー ラ ー
에어컨　라[ra]로 발음해요. p.82에서 배우고 써 볼 거예요.

ケ ー キ ケ ー キ
케이크

コ コ ア コ コ ア
코코아

MP3 바로 듣기

サ행 | サ | シ | ス | セ | ソ

가타카나 「サ」행은 우리말 [사, 시, 스, 세, 소]처럼 발음해요. 특히 ス는 [스]에서 입을 조금만 오므려서 [스]와 [수]의 중간 정도로 발음해요.

 한 글자씩 써 보기

사 [sa]
세 번째 획은 두 번째 획의 끝점과 같은 높이까지 수직으로 그은 후 살짝 왼쪽으로 뻗어 주세요!

시 [shi]
첫 번째 획과 두 번째 획은 오른쪽으로 약간 비스듬하게, 세 번째 획은 아래에서 위로 완만하게 그어 주세요!

스 [su]
한글 'ㅈ'처럼 써 주세요!

세 [se]
첫 번째 획은 오른쪽 위를 향해 그은 후 안쪽으로 삐치며 마무리해 주세요!

소 [so]
두 번째 획은 위에서 아래로 급경사로 내리그어 주세요!

한 번에 써 보기

サ	シ	ス	セ	ソ		サ	シ	ス	セ	ソ

 단어로 써 보기

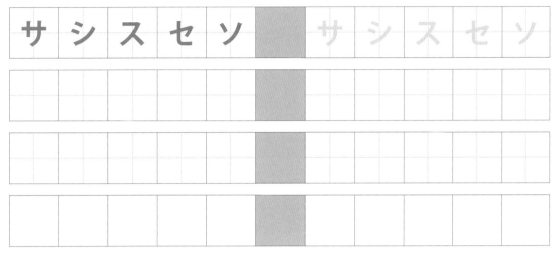

サ ウ ス　サ ウ ス
남, 남쪽

シ ー ト　シ ー ト　　　　ト
시트　　↳ 토[to]로 발음해요. p.구2에서 배우고 써 볼 거예요.

ス イ カ　ス イ カ
수박

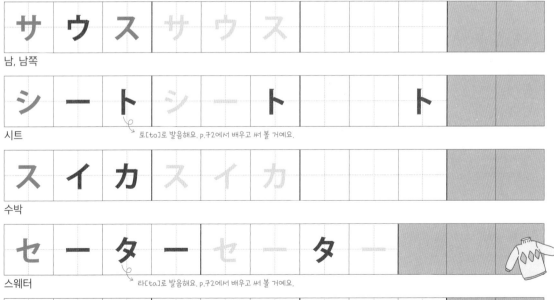

セ ー タ ー　セ ー タ ー
스웨터　　↳ 라[ta]로 발음해요. p.구2에서 배우고 써 볼 거예요.

ソ ー ス　ソ ー ス
소스

タ행 | タ | チ | ツ | テ | ト |

MP3 바로 듣기

가타카나 「タ」행은 우리말 [타, 치, 츠, 테, 토]처럼 발음해요. 단, 단어의 중간이나 끝에 올 때에는 [따, 찌, 쯔, 떼, 또]에 더 가깝게 발음해요. 특히 ツ는 혀를 아랫니 뒤에 붙이고 [츠]와 [추]의 중간 정도로 발음해요.

 한 글자씩 써 보기

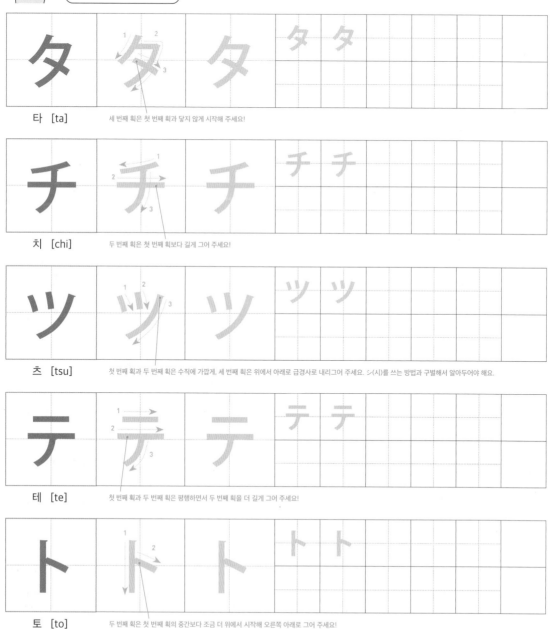

타 [ta]   세 번째 획은 첫 번째 획과 닿지 않게 시작해 주세요!

치 [chi]   두 번째 획은 첫 번째 획보다 길게 그어 주세요!

츠 [tsu]   첫 번째 획과 두 번째 획은 수직에 가깝게, 세 번째 획은 위에서 아래로 급경사로 내리그어 주세요. シ(시)를 쓰는 방법과 구별해서 알아두어야 해요.

테 [te]   첫 번째 획과 두 번째 획은 평행하면서 두 번째 획을 더 길게 그어 주세요!

토 [to]   두 번째 획은 첫 번째 획의 중간보다 조금 더 위에서 시작해 오른쪽 아래로 그어 주세요!

한 번에 써 보기

タ	チ	ツ	テ	ト		タ	チ	ツ	テ	ト

 단어로 써 보기

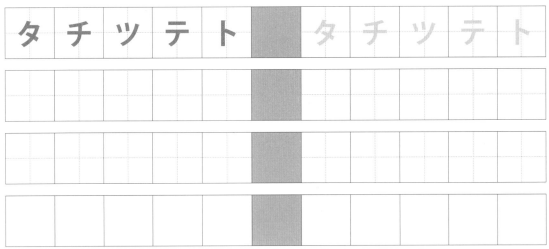

タクシー　タクシー
택시

チーム　チーム　　ム
팀
무[mu]로 발음해요. p.78에서 배우고 써 볼 거예요.

ツアー　ツアー
여행

テスト　テスト
시험

トースト　トースト
토스트

MP3 바로 듣기

가타카나 「ナ」행은 우리말 [나, 니, 누, 네, 노]처럼 발음해요. 특히 ヌ는 우리말 [누]와 [느]의 중간 정도로 발음해요.

한 글자씩 써 보기

나 [na]
두 번째 획은 왼쪽 아래로 완만한 커브를 넣어 그어 주세요!

니 [ni]
두 번째 획은 첫 번째 획과 평행하면서 더 길게 그어 주세요!

누 [nu]
첫 번째 획의 끝을 조금 길게 그어 주세요!

네 [ne]
네 번째 획은 두 번째 획과 조금 떨어뜨려서 그어 주세요!

노 [no]
왼쪽 아래로 급격한 커브를 그리며 길게 내려 그어 주세요!

한 번에 써 보기

ナ	ニ	ヌ	ネ	ノ		ナ	ニ	ヌ	ネ	ノ

 단어로 써 보기

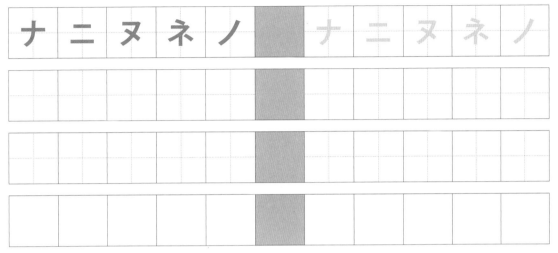

ナ	ー	ス	ナ	ー	ス					

간호사

テ	ニ	ス	テ	ニ	ス					

테니스

カ	ヌ	ー	カ	ヌ	ー					

카누

ネ	ク	タ	イ	ネ	ク	タ	イ			

넥타이

ノ	ー	ト	ノ	ー	ト					

노트

MP3 바로 듣기

ハ행 ハ ヒ フ ヘ ホ

가타카나 「ハ」행은 우리말 [하, 히, 후, 헤, 호]처럼 발음해요. 특히 フ는 우리말 [후]처럼 입술을 내미는 것이 아니라, 영어 [fu]를 발음하듯 입모양을 하되 윗니와 아랫입술이 닿지 않도록 하면서 소리를 내요.

 한 글자씩 써 보기

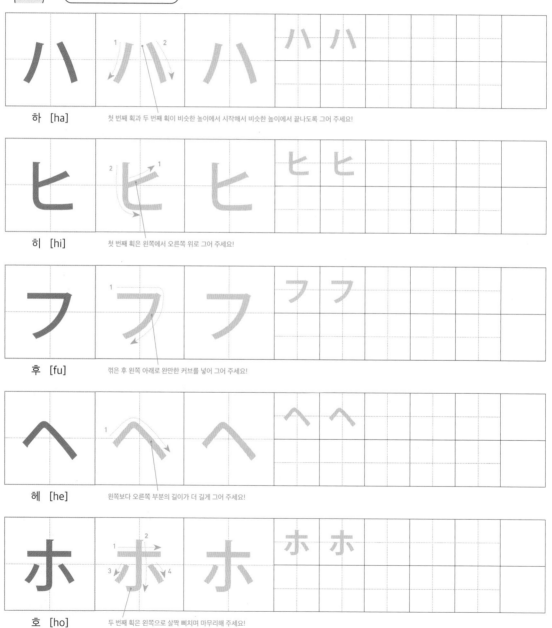

하 [ha]   첫 번째 획과 두 번째 획이 비슷한 높이에서 시작해서 비슷한 높이에서 끝나도록 그어 주세요!

히 [hi]   첫 번째 획은 왼쪽에서 오른쪽 위로 그어 주세요!

후 [fu]   꺾은 후 왼쪽 아래로 완만한 커브를 넣어 그어 주세요!

헤 [he]   왼쪽보다 오른쪽 부분의 길이가 더 길게 그어 주세요!

호 [ho]   두 번째 획은 왼쪽으로 살짝 삐치며 마무리해 주세요!

한 번에 써 보기

| ハ | ヒ | フ | ヘ | ホ | | ハ | ヒ | フ | ヘ | ホ |

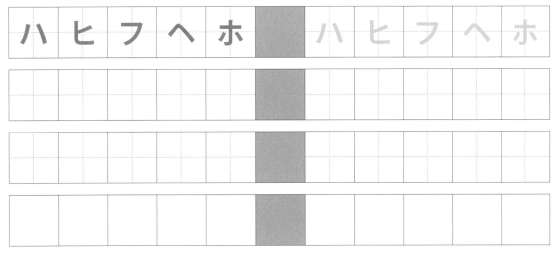

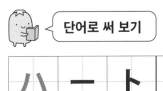 단어로 써 보기

| ハ | ー | ト | ハ | ー | ト | | | | | |

하트

| ヒ | ー | タ | ー | ヒ | ー | タ | ー | | | |

히터

| フ | ラ | イ | フ | ラ | イ | | ラ | | | |

튀김   라[ra]로 발음해요. p.82에서 배우고 써 볼 거예요.

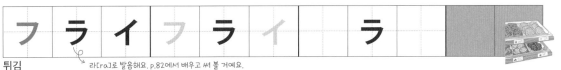

| ヘ | ア | ヘ | ア | | | | | | |

헤어, 머리카락

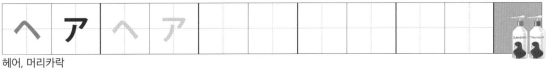

| ホ | ー | ス | ホ | ー | ス | | | | | |

호스

MP3 바로 듣기

マ행 マ ミ ム メ モ

가타카나 「マ」행은 우리말 [마, 미, 무, 메, 모]처럼 발음해요. 특히 ム는 우리말 [무]와 [므]의 중간 정도로 발음해요.

 한 글자씩 써 보기

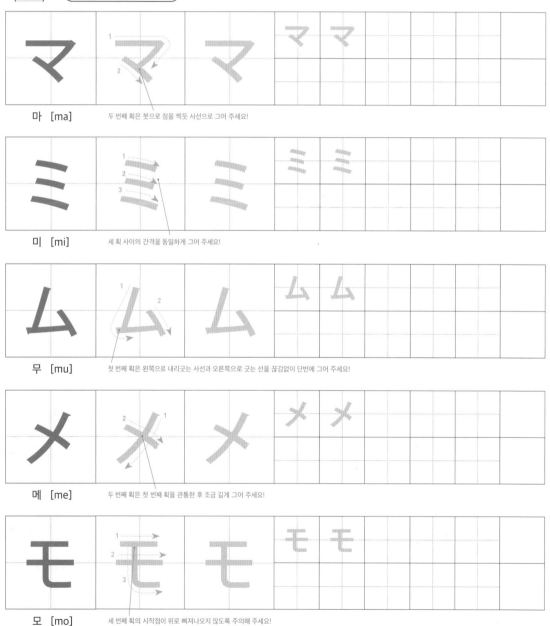

마 [ma] 두 번째 획은 붓으로 점을 찍듯 사선으로 그어 주세요!

미 [mi] 세 획 사이의 간격을 동일하게 그어 주세요!

무 [mu] 첫 번째 획은 왼쪽으로 내리긋는 사선과 오른쪽으로 긋는 선을 끊김없이 단번에 그어 주세요!

메 [me] 두 번째 획은 첫 번째 획을 관통한 후 조금 길게 그어 주세요!

모 [mo] 세 번째 획의 시작점이 위로 삐져나오지 않도록 주의해 주세요!

한 번에 써 보기

マ	ミ	ム	メ	モ		マ	ミ	ム	メ	モ

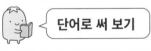 단어로 써 보기

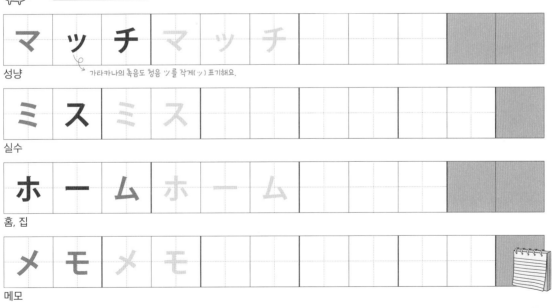

マ	ッ	チ	マ	ッ	チ					

성냥 가타카나의 촉음도 청음 ツ를 작게(ッ) 표기해요.

ミ ス ミ ス
실수

ホ ー ム ホ ー ム
홈, 집

メ モ メ モ
메모

モ ニ タ ー モ ニ タ ー
모니터

MP3 바로 듣기

ヤ행 | ヤ ユ ヨ

가타카나 「ヤ」행은 우리말 [야, 유, 요]처럼 발음해요.

 한 글자씩 써 보기

야 [ya]   첫 번째 획은 약간 위로 사선으로 그은 뒤 삐침으로 마무리해 주세요!

유 [yu]   두 번째 획이 첫 번째 획의 끝점을 지나도록 길게 그어 주세요!

요 [yo]   두 번째 획과 세 번째 획의 끝점이 첫 번째 획 밖으로 나가지 않도록 그어 주세요!

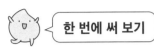

한 번에 써 보기

ヤ	ユ	ヨ		ヤ	ユ	ヨ		ヤ	ユ	ヨ

단어로 써 보기

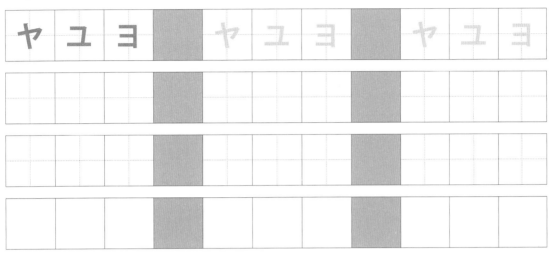

タ	イ	ヤ	タ	イ	ヤ					

타이어

ユ	ー	モ	ア	ユ	ー	モ	ア			

유머

ヨ	ー	ヨ	ー	ヨ	ー	ヨ	ー			

요요

① 청음

MP3 바로 듣기

ラ행 　ラ　リ　ル　レ　ロ

가타카나「ラ」행은 우리말 [라, 리, 루, 레, 로]처럼 발음해요. 특히 ル는 우리말 [루]와 [르]의 중간 정도로 발음해요.

한 글자씩 써 보기

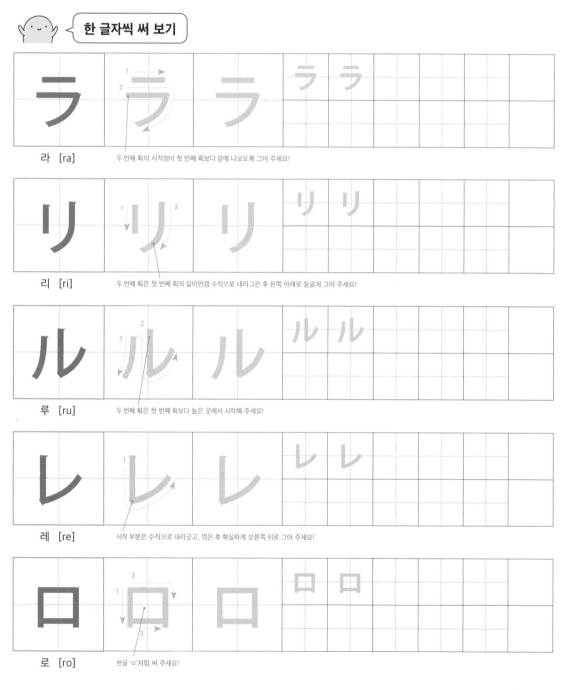

라 [ra] 　두 번째 획의 시작점이 첫 번째 획보다 앞에 나오도록 그어 주세요!

리 [ri] 　두 번째 획은 첫 번째 획의 길이만큼 수직으로 내리그은 후 왼쪽 아래로 둥글게 그어 주세요!

루 [ru] 　두 번째 획은 첫 번째 획보다 높은 곳에서 시작해 주세요!

레 [re] 　시작 부분은 수직으로 내리긋고, 꺾은 후 확실하게 오른쪽 위로 그어 주세요!

로 [ro] 　한글 'ㅁ'처럼 써 주세요!

한 번에 써 보기

ラ	リ	ル	レ	ロ			ラ	リ	ル	レ	ロ

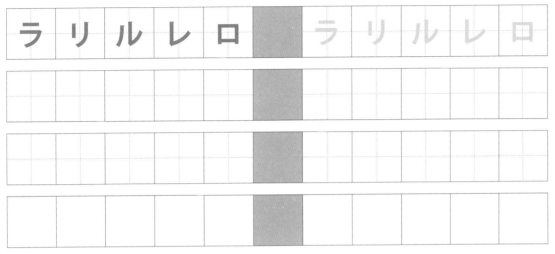 단어로 써 보기

ラ	テ	ラ	テ						

라떼

リ	サ	イ	ク	ル	リ	サ	イ	ク	ル	

재활용

ル	ー	ム	ル	ー	ム				

방

レ	タ	ス	レ	タ	ス				

양상추

ロ	シ	ア	ロ	シ	ア				

러시아

CHAPTER 2

가타카나 써 보기

해커스 일본어 첫걸음 히라가나 가타카나 쓰기노트

MP3 바로 듣기

ワ행 ワ ヲ

가타카나 「ワ」행은 우리말 [와, 오]처럼 발음해요. ヲ는 ア행의 オ[오]와 발음이 같고, 일상생활에서는 거의 사용되지 않아요.

 한 글자씩 써 보기

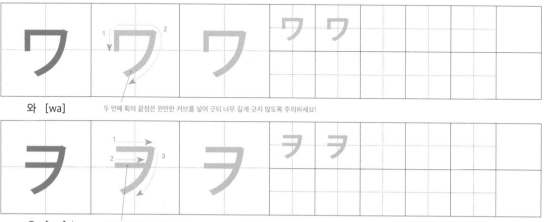

와 [wa] 두 번째 획의 끝점은 완만한 커브를 넣어 긋되 너무 길게 긋지 않도록 주의하세요!

오 [wo] 두 번째 획은 첫 번째 획과 평행하게 그어 주세요!
ヲ는 일상생활에서는 거의 사용되지 않고, '~을/를'이라는 뜻의 조사 를를 의도적으로 강조할 때 사용해요.

 한 번에 써 보기

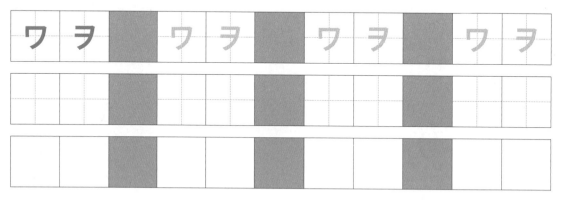

 **단어로 써 보기**

워크, 일

MP3 바로 듣기

가타카나 「ン」은 우리말 [응]처럼 발음해요. ン은 청음이 아닌 발음(撥音)으로 어느 행에도 속하지 않지만, 오십음도에 있는 기본적인 글자 중 하나이기 때문에 여기서 써 볼 거예요.

한 글자씩 써 보기

응　[n]

두 번째 획은 아래에서 위로 완만하게 그어 주세요!

단어로 써 보기

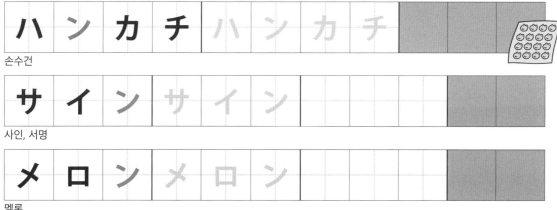

손수건

사인, 서명

멜론

CHAPTER 2

가타카나 써 보기

해커스 일본어 첫걸음 히라가나 가타카나 쓰기노트

비슷한 글자 모아 써 보기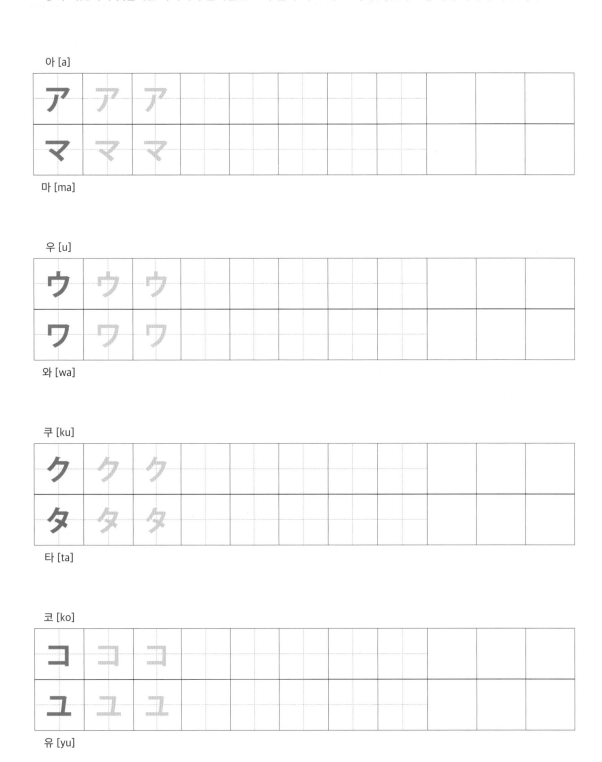

모양이 비슷해서 헷갈리는 가타카나 글자들만 모아 같이 써 보세요. 특히 획순과 모양에 주의해서 써 보아요.

아 [a]

ア	ア	ア								
マ	マ	マ								

마 [ma]

우 [u]

ウ	ウ	ウ								
ワ	ワ	ワ								

와 [wa]

쿠 [ku]

ク	ク	ク								
タ	タ	タ								

타 [ta]

코 [ko]

コ	コ	コ								
ユ	ユ	ユ								

유 [yu]

시 [shi]

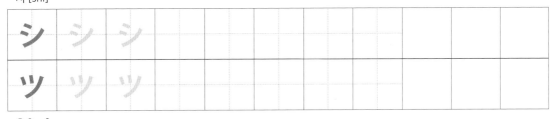

츠 [tsu]

스 [su]

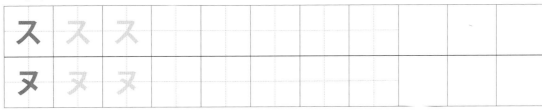

누 [nu]

소 [so]

응 [n]

요 [yo]

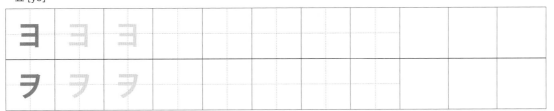

오 [wo]

쓰기 퀴즈

1. 각 단어의 빈칸에 우리말 발음에 해당하는 글자를 보기에서 찾아 써서 단어를 완성해 보세요.

[보기]

ア　ロ　ラ　ホ　ノ
ハ　ワ　ク　メ　ソ

 눈

아　이

	イ

 소스

소　ー　스

	ー	ス

 홈, 집

호　ー　무

	ー	ム

 노트

노　ー　또

ー	ト	

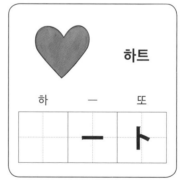 하트

하　ー　또

	ー	ト

 메모

메　모

	モ

 라떼

라　떼

	テ

 러시아

로　시　아

	シ	

 워크, 일

와　ー　꾸

	ー	

2. 사진 속 가타카나를 빈칸에 직접 써 보고 읽어 보세요.

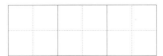

케이크

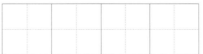

스태프

세트

타르트

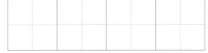

쿠키

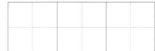

레몬

정답				
1. ア	ソ	ホ	2. ケーキ [케-끼]	スタッフ [스탑후]
ノ	ハ	メ	セット [셋또]	タルト [타루또]
ラ	ロ・ア	ワ・ク	クッキー [쿡끼-]	レモン [레모옹]

② 탁음 · 반탁음

| ガ행 | ガ | ギ | グ | ゲ | ゴ |

탁음 「ガ」행은 우리말 [가, 기, 구, 게, 고]처럼 발음해요.

 한 글자씩 써 보기

가 [ga]   탁점은 청음 글자에 바짝 붙여서 비스듬하고 평행하게 그어 주세요!

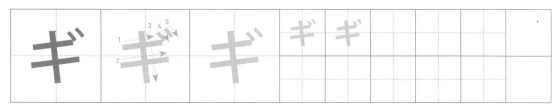

기 [gi]

구 [gu]

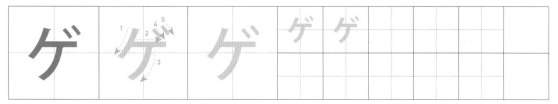

게 [ge]

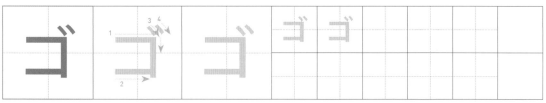

고 [go]

한 번에 써 보기

ガ	ギ	グ	ゲ	ゴ		ガ	ギ	グ	ゲ	ゴ

단어로 써 보기

ガ	ム	ガ	ム							
껌

ギ	タ	ー	ギ	タ	ー					
기타

グ	ラ	ス	グ	ラ	ス					
잔

ゲ	ー	ム	ゲ	ー	ム					
게임

ゴ	ル	フ	ゴ	ル	フ					
골프

② 탁음·반탁음

MP3 바로 듣기

ザ행	ザ	ジ	ズ	ゼ	ゾ

탁음 「ザ」행은 우리말 [자, 지, 즈, 제, 조]처럼 발음하되, ザ, ズ, ゼ, ゾ는 영어의 [z] 발음에 더 가깝게 발음해야 해요.

 한 글자씩 써 보기

자 [za]

지 [ji]

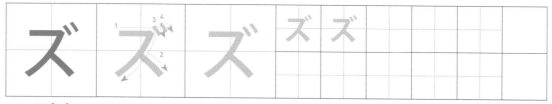

즈 [zu]

제 [ze]

조 [zo]　　탁점은 두 번째 획 바로 위에 바싹 붙여서 그어 주세요!

한 번에 써 보기

ザ	ジ	ズ	ゼ	ゾ		ザ	ジ	ズ	ゼ	ゾ

단어로 써 보기

レ	ザ	ー	レ	ザ	ー					

가죽

ジ	ー	ン	ズ	ジ	ー	ン	ズ			

청바지

チ	ー	ズ	チ	ー	ズ					

치즈

ゼ	リ	ー	ゼ	リ	ー					

젤리

リ	ゾ	ー	ト	リ	ゾ	ー	ト			

리조트

탁음 · 반탁음

ダ행 | ダ | ヂ | ヅ | デ | ド

탁음 「ダ」행은 우리말 [다, 지, 즈, 데, 도]처럼 발음하되, ヅ는 영어의 [z] 발음에 좀 더 가깝게 발음해요.

💬 **한 글자씩 써 보기**

다 [da]

지 [ji]

즈 [zu]

데 [de]

도 [do]

한 번에 써 보기

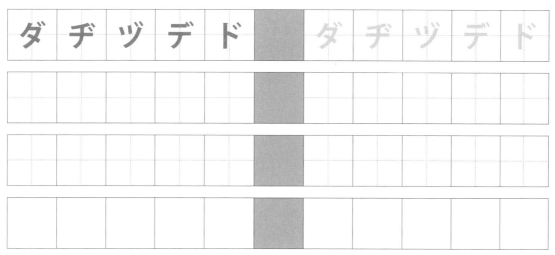

ダ ヂ ヅ デ ド | | ダ ヂ ヅ デ ド

 단어로 써 보기

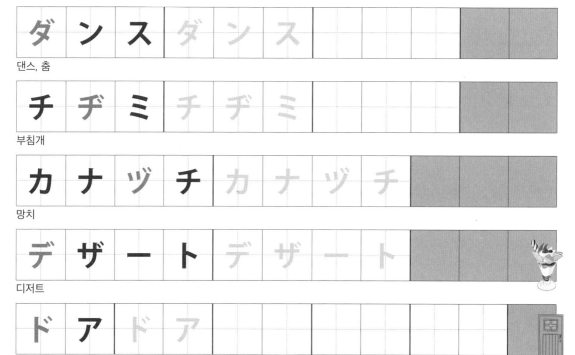

ダ ン ス | ダ ン ス
댄스, 춤

チ ヂ ミ | チ ヂ ミ
부침개

カ ナ ヅ チ | カ ナ ヅ チ
망치

デ ザ ー ト | デ ザ ー ト
디저트

ド ア | ド ア
문

CHAPTER 2

가타카나 써 보기

해커스 일본어 첫걸음 히라가나 가타카나 쓰기노트

MP3 바로 듣기

バ행	バ	ビ	ブ	ベ	ボ

탁음 「バ」행은 우리말 [바, 비, 부, 베, 보]처럼 발음해요.

 한 글자씩 써 보기

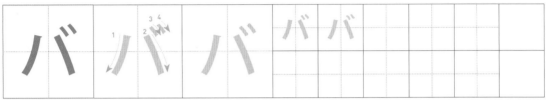

바 [ba]

비 [bi]

부 [bu]

베 [be]

보 [bo]

한 번에 써 보기

バ	ビ	ブ	ベ	ボ		バ	ビ	ブ	ベ	ボ

 단어로 써 보기

バ	ス	バ	ス							

버스

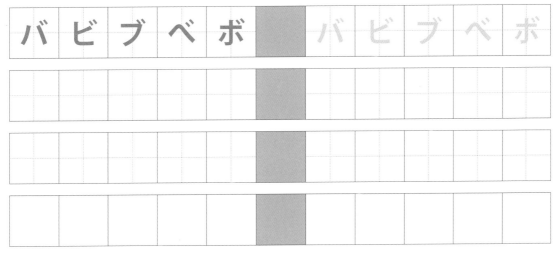

ビ	ル	ビ	ル							

빌딩

ブ	ラ	ウ	ス	ブ	ラ	ウ	ス			

블라우스

ベ	ッ	ド	ベ	ッ	ド				

침대

ボ	タ	ン	ボ	タ	ン				

버튼

MP3 바로 듣기

パ행 | パ ピ プ ペ ポ

반탁음 「パ」행은 우리말 [파, 피, 푸, 페, 포]처럼 발음하되, 단어의 중간이나 끝에 올 때에는 우리말 [빠, 삐, 뿌, 뻬, 뽀]에 가깝게 발음해요.

한 글자씩 써 보기

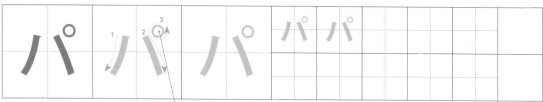

파 [pa]

반탁점은 글자 오른쪽 상단에 둥글고 예쁜 원을 작게 그려 주세요!

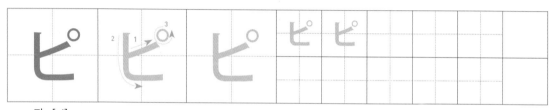

피 [pi]

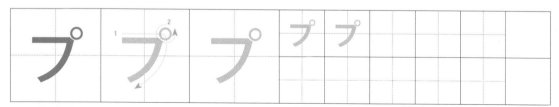

푸 [pu]

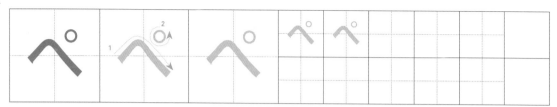

페 [pe]

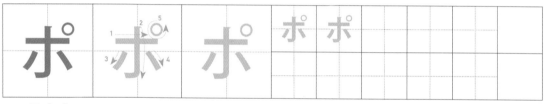

포 [po]

한 번에 써 보기

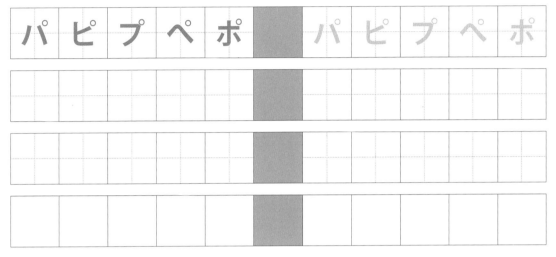

| パ | ピ | プ | ペ | ポ | | パ | ピ | プ | ペ | ポ |

 단어로 써 보기

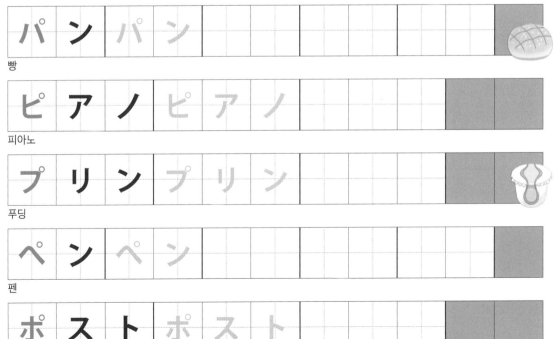

パ ン パ ン
빵

ピ ア ノ ピ ア ノ
피아노

プ リ ン プ リ ン
푸딩

ペ ン ペ ン
펜

ポ ス ト ポ ス ト
우체통

쓰기 퀴즈

1. 각 단어의 빈칸에 우리말 발음에 해당하는 글자를 보기에서 찾아 써서 단어를 완성해 보세요.

[보기]   グ   ズ   バ   プ   ビ
          ゲ   ゼ   ベ   ド   パ

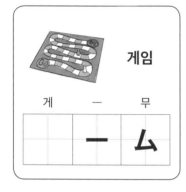

게임

게	―	무
	ー	ム

잔

구	라	스
	ラ	ス

치즈

치	―	즈
チ	ー	

젤리

제	리	―
	リ	ー

버스

바	스
	ス

침대

베	ㄷ	도
	ッ	

빌딩

비	루
	ル

빵

파	응
	ン

푸딩

푸	리	응
	リ	ン

2. 사진 속 가타카나를 빈칸에 직접 써 보고 읽어 보세요.

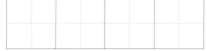

그룹

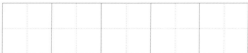

피스타치오

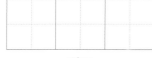

맥주

음료

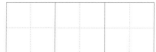

바닐라

엘리베이터

정답

1.	ゲ	グ	ズ	2.	グループ [구루-뿌]	ピスタチオ [피스따찌오]
	ゼ	バ	ベ・ド		ビール [비-루]	ドリンク [도링꾸]
	ビ	バ	ブ		バニラ [바니라]	エレベーター [에레베-따-]

CHAPTER
2

가타카나 써 보기

해커스 일본어 첫걸음 히라가나 가타카나 쓰기노트

3 요음

カ행	キャ	キュ	キョ		サ행	シャ	シュ	ショ

요음 「カ」행은 우리말 [캬, 큐, 쿄]처럼 발음하고, 요음 「サ」행은 우리말 [샤, 슈, 쇼]처럼 발음해요.

キャ キャ			キャ		キャンプ 캠프
캬 [kya] 크기가 커지면 다른 글자가 되어 버리므로 작게 써 주세요!					
キュ キュ			キュ		キューブ 큐브
큐 [kyu]					
キョ キョ			キョ		ラッキョウ 락교
쿄 [kyo]					
シャ シャ			シャ		シャツ 셔츠
샤 [sha]					
シュ シュ			シュ		シュガー 설탕
슈 [shu]					
ショ ショ			ショ		ショー 쇼, 행사
쇼 [sho]					

MP3 바로 듣기

| タ행 | チャ | チュ | チョ | | ナ행 | ニャ | ニュ | ニョ |

요음 「タ」행은 우리말 [챠, 츄, 쵸]처럼 발음하고, 요음 「ナ」행은 우리말 [냐, 뉴, 뇨]처럼 발음해요.

チャ	チャ			チャ				チャイム
챠 [cha]								차임벨
チュ	チュ			チュ				アマチュア
츄 [chu]								아마추어
チョ	チョ			チョ				チョコレート
쵸 [cho]								초콜릿
ニャ	ニャ			ニャ				ラニーニャ
냐 [nya]								라니냐
ニュ	ニュ			ニュ				ニュース
뉴 [nyu]								뉴스
ニョ	ニョ			ニョ				ニョッキ
뇨 [nyo]								뇨키

CHAPTER 2

③ 요음

MP3 바로 듣기

요음 「ハ」행은 우리말 [햐, 휴, 효]처럼 발음하고, 요음 「マ」행은 우리말 [먀, 뮤, 묘]처럼 발음해요.

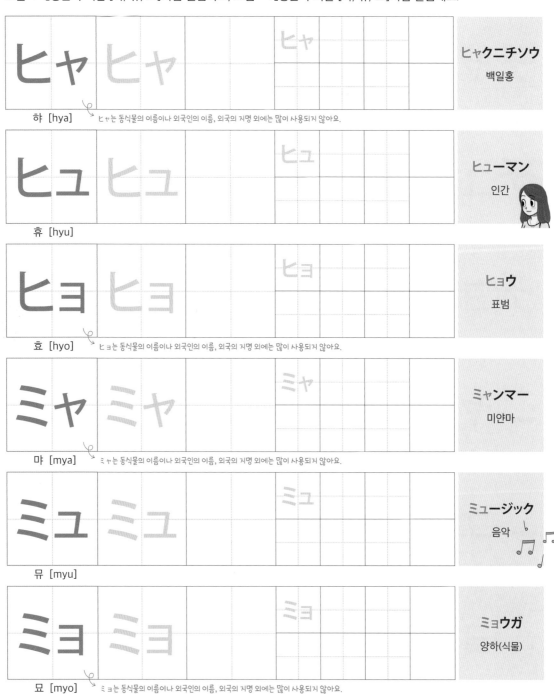

햐 [hya]   ヒャ는 동식물의 이름이나 외국인의 이름, 외국의 지명 외에는 많이 사용되지 않아요.

ヒャクニチソウ
백일홍

휴 [hyu]

ヒューマン
인간

효 [hyo]   ヒョ는 동식물의 이름이나 외국인의 이름, 외국의 지명 외에는 많이 사용되지 않아요.

ヒョウ
표범

먀 [mya]   ミャ는 동식물의 이름이나 외국인의 이름, 외국의 지명 외에는 많이 사용되지 않아요.

ミャンマー
미얀마

뮤 [myu]

ミュージック
음악

묘 [myo]   ミョ는 동식물의 이름이나 외국인의 이름, 외국의 지명 외에는 많이 사용되지 않아요.

ミョウガ
양하(식물)

MP3 바로 듣기

| ラ행 | リャ | リュ | リョ | | ガ행 | ギャ | ギュ | ギョ |

요음 「ラ」행은 우리말 [랴, 류, 료]처럼 발음하고, 요음 「ガ」행은 우리말 [갸, 규, 교]처럼 발음해요.

| リャ | リャ | | | リャ | | リャマ |
| 랴 [rya] | | | | | | 라마 |

リャ는 동식물의 이름이나 외국인의 이름, 외국의 지명 외에는 많이 사용되지 않아요.

| リュ | リュ | | | リュ | | リュック |
| 류 [ryu] | | | | | | 배낭 |

| リョ | リョ | | | リョ | | マトリョーシカ |
| 료 [ryo] | | | | | | 마트료시카 |

リョ는 동식물의 이름이나 외국인의 이름, 외국의 지명 외에는 많이 사용되지 않아요.

| ギャ | ギャ | | | ギャ | | ギャラリー |
| 갸 [gya] | | | | | | 갤러리 |

| ギュ | ギュ | | | ギュ | | レギュラー |
| 규 [gyu] | | | | | | 레귤러 |

| ギョ | ギョ | | | ギョ | | ギョーザ |
| 교 [gyo] | | | | | | 만두 |

MP3 바로 듣기

| ザ행 | ジャ | ジュ | ジョ | バ행 | ビャ | ビュ | ビョ |

요음 「ザ」행은 우리말 [쟈, 쥬, 죠]처럼 발음하고, 요음 「バ」행은 우리말 [뱌, 뷰, 뵤]처럼 발음해요.

ジャ ジャ			ジャ			

쟈 [ja]

ジャム
잼

| ジュ ジュ | | | ジュ | | | |

쥬 [ju]

ジュース
주스

| ジョ ジョ | | | ジョ | | | |

죠 [jo]

ジョ**ギング**
조깅

| ビャ ビャ | | | ビャ | | | |

뱌 [bya] ↱ ビャ는 동식물의 이름이나 외국인의 이름, 외국의 지명 외에는 많이 사용되지 않아요.

ビャ**クダン**
백단향(식물)

| ビュ ビュ | | | ビュ | | | |

뷰 [byu]

イン**タ**ビュー
인터뷰

| ビョ ビョ | | | ビョ | | | |

뵤 [byo] ↱ ビョ는 동식물의 이름이나 외국인의 이름, 외국의 지명 외에는 많이 사용되지 않아요.

ビョ**ウヤナギ**
물레나물

MP3 바로 듣기

パ행　ピャ　ピュ　ピョ

요음 「パ」행은 우리말 [퍄, 퓨, 표]처럼 발음해요.

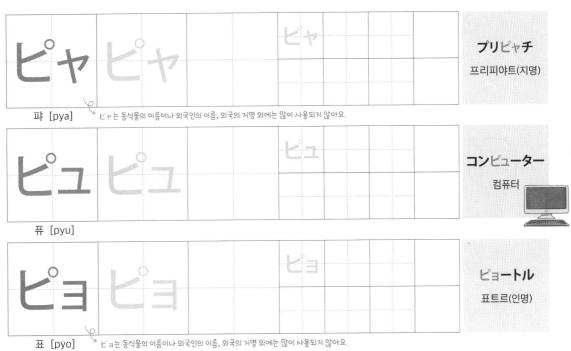

퍄 [pya]　　ピャ는 동식물의 이름이나 외국인의 이름, 외국의 지명 외에는 많이 사용되지 않아요.

プリピャチ
프리피야트(지명)

コンピューター
컴퓨터

퓨 [pyu]

ピョートル
표트르(인명)

표 [pyo]　　ピョ는 동식물의 이름이나 외국인의 이름, 외국의 지명 외에는 많이 사용되지 않아요.

1. 각 단어의 빈칸에 우리말 발음에 해당하는 글자를 보기에서 찾아 써서 단어를 완성해 보세요.

[보기]   ジュ   ギョ   チャ   ショ
         ジャ   キュ   ニュ   リュ   シャ

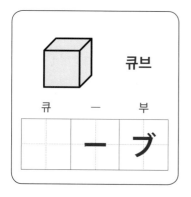

큐브

큐	―	부
	―	ブ

주스

쥬	―	스
	―	ス

셔츠

샤	쯔
	ツ

잼

쟈	무
	ム

만두

교	―	자
	―	ザ

뉴스

뉴	―	스
	―	ス

쇼, 행사

쇼	―
	―

배낭

류	ㄱ	꾸
	ッ	ク

차임벨

챠	이	무
	イ	ム

2. 사진 속 가타카나를 빈칸에 직접 써 보고 읽어 보세요.

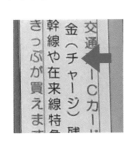

충전

캠페인

초코

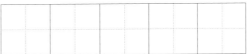

뉴욕

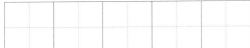

캐릭터

메뉴

가타카나 한 번에 써 보기

① **청음**　가타카나 청음 글자를 각 네모칸에 써 보세요. 잘 기억나지 않는 글자는 p.64를 보고 써 보세요.

	ア단	イ단	ウ단	エ단	オ단
ア행	아 [a]	이 [i]	우 [u]	에 [e]	오 [o]
カ행	카 [ka]	키 [ki]	쿠 [ku]	케 [ke]	코 [ko]
サ행	사 [sa]	시 [shi]	스 [su]	세 [se]	소 [so]
タ행	타 [ta]	치 [chi]	츠 [tsu]	테 [te]	토 [to]
ナ행	나 [na]	니 [ni]	누 [nu]	네 [ne]	노 [no]
ハ행	하 [ha]	히 [hi]	후 [fu]	헤 [he]	호 [ho]
マ행	마 [ma]	미 [mi]	무 [mu]	메 [me]	모 [mo]
ヤ행	야 [ya]		유 [yu]		요 [yo]
ラ행	라 [ra]	리 [ri]	루 [ru]	레 [re]	로 [ro]
ワ행	와 [wa]				오 [wo]
ン			응 [n]		

② **탁음·반탁음** 가타카나 탁음·반탁음 글자를 각 네모칸에 써 보세요. 잘 기억나지 않는 글자는 p.65를 보고 써 보세요.

	ア단	**イ**단	**ウ**단	**エ**단	**オ**단
ガ행	가 [ga]	기 [gi]	구 [gu]	게 [ge]	고 [go]
ザ행	자 [za]	지 [ji]	즈 [zu]	제 [ze]	조 [zo]
ダ행	다 [da]	지 [ji]	즈 [zu]	데 [de]	도 [do]
バ행	바 [ba]	비 [bi]	부 [bu]	베 [be]	보 [bo]
パ행	파 [pa]	피 [pi]	푸 [pu]	페 [pe]	포 [po]

③ **요음** 가타카나 요음 글자를 각 네모칸에 써 보세요. 잘 기억나지 않는 글자는 p.65를 보고 써 보세요.

	ヤ	**ユ**	**ヨ**
カ행	캬 [kya]	큐 [kyu]	쿄 [kyo]
サ행	샤 [sha]	슈 [shu]	쇼 [sho]
タ행	챠 [cha]	츄 [chu]	쵸 [cho]
ナ행	냐 [nya]	뉴 [nyu]	뇨 [nyo]
ハ행	햐 [hya]	휴 [hyu]	효 [hyo]
マ행	먀 [mya]	뮤 [myu]	묘 [myo]

	ヤ	**ユ**	**ヨ**
ラ행	랴 [rya]	류 [ryu]	료 [ryo]
ガ행	갸 [gya]	규 [gyu]	교 [gyo]
ザ행	쟈 [ja]	쥬 [ju]	죠 [jo]
バ행	뱌 [bya]	뷰 [byu]	뵤 [byo]
パ행	퍄 [pya]	퓨 [pyu]	표 [pyo]

CHAPTER

3

다양하게 써 보기

1 히라가나·가타카나 같이 써 보기

2 주제별 쉬운 단어 써 보기

3 쉬운 회화 문장 써 보기

① 히라가나·가타카나 같이 써 보기

히라가나와 가타카나 청음 글자를 구별하며 같이 써 보세요.

あ·ア행

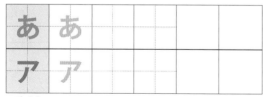

아 [a]

か·カ행

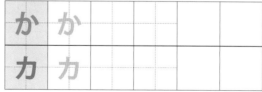

카 [ka]

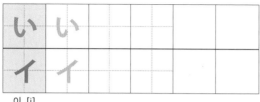

이 [i]

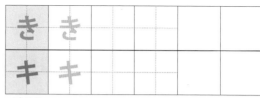

키 [ki]

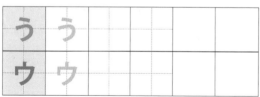

우 [u]

쿠 [ku]

에 [e]

케 [ke]

오 [o]

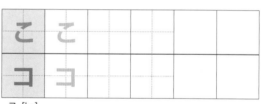

코 [ko]

さ·サ행

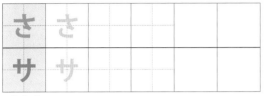

사 [sa]

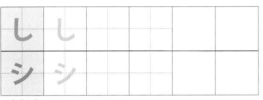

시 [shi]

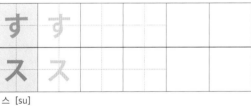

스 [su]

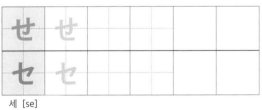

세 [se]

소 [so]

た·タ행

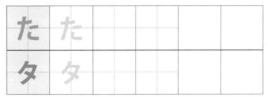

타 [ta]

치 [chi]

츠 [tsu]

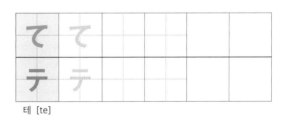

테 [te]

토 [to]

CHAPTER 3 다양하게 써 보기 | 히라가나·가타카나 같이 써 보기 **115**

CHAPTER 3

다양하게 써 보기

해커스 일본어 첫걸음 히라가나 가타카나 쓰기노트

① 히라가나·가타카나 같이 써 보기

な・ナ행

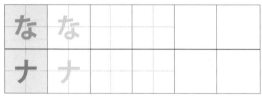

나 [na]

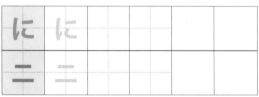

니 [ni]

누 [nu]

네 [ne]

노 [no]

は・ハ행

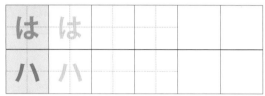

하 [ha]

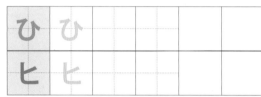

히 [hi]

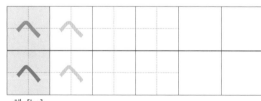

후 [fu]

헤 [he]

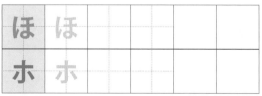

호 [ho]

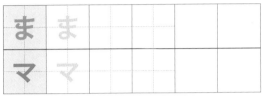

ま·マ행

마 [ma]

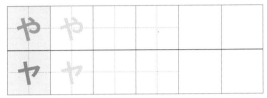

や·ヤ행

야 [ya]

미 [mi]

유 [yu]

요 [yo]

무 [mu]

메 [me]

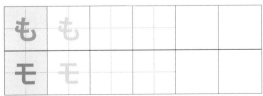

모 [mo]

CHAPTER 3

다양하게 써 보기

해커스 일본어 첫걸음 히라가나 가타카나 쓰기노트

① 히라가나·가타카나 같이 써 보기

ら·ラ행

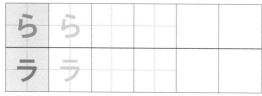

라 [ra]

わ·ワ행

와 [wa]

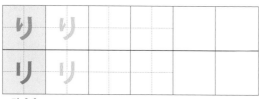

리 [ri]

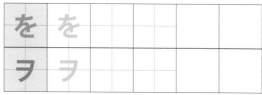

오 [wo]

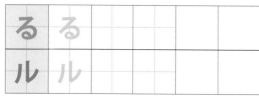

루 [ru]

레 [re]

ん·ン

응 [n]

레 [re]

로 [ro]

히라가나와 가타카나 탁음·반탁음 글자를 구별하며 같이 써 보세요.

が·ガ행

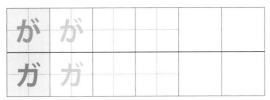

가 [ga]

ざ·ザ행

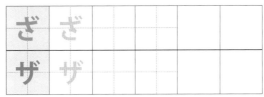

자 [za]

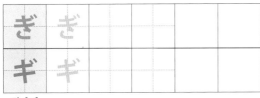

기 [gi]

지 [ji]

구 [gu]

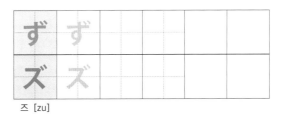

즈 [zu]

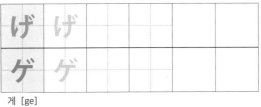

게 [ge]

제 [ze]

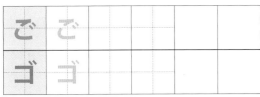

고 [go]

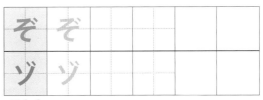

조 [zo]

① 히라가나·가타카나 같이 써 보기

だ·ダ행

다 [da]

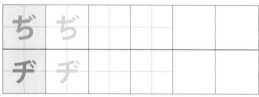

지 [ji]

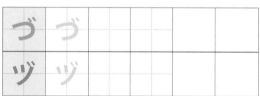

즈 [zu]

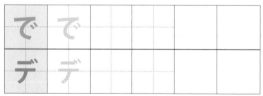

데 [de]

どど
ドド

도 [do]

ば·バ행

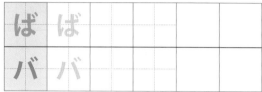

바 [ba]

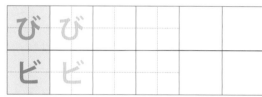

비 [bi]

부 [bu]

べべ
べべ

베 [be]

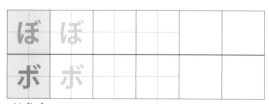

보 [bo]

ぱ·パ행

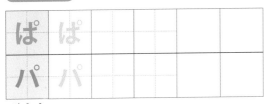

파 [pa]

피 [pi]

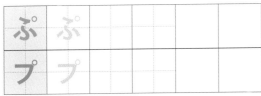

푸 [pu]

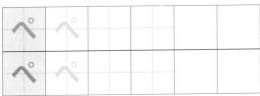

페 [pe]

뒷 페이지부터 요음 글자 써 보기가 이어져요.

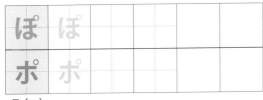

포 [po]

히라가나와 가타카나 요음 글자를 구별하며 같이 써 보세요.

か・カ행

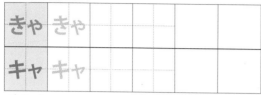

캬 [kya]

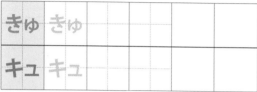

큐 [kyu]

쿄 [kyo]

た・タ행

챠 [cha]

츄 [chu]

쵸 [cho]

さ・サ행

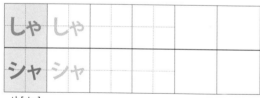

샤 [sha]

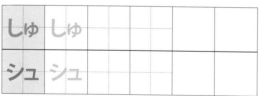

슈 [shu]

쇼 [sho]

な・ナ행

냐 [nya]

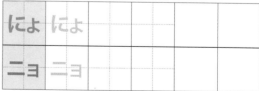

뉴 [nyu]

뇨 [nyo]

は·ハ행

ひゃ	ひゃ				
ヒャ	ヒャ				

햐 [hya]

ひゅ	ひゅ				
ヒュ	ヒュ				

휴 [hyu]

ひょ	ひょ				
ヒョ	ヒョ				

효 [hyo]

ら·ラ행

りゃ	りゃ				
リャ	リャ				

랴 [rya]

りゅ	りゅ				
リュ	リュ				

류 [ryu]

りょ	りょ				
リョ	リョ				

료 [ryo]

ま·マ행

みゃ	みゃ				
ミャ	ミャ				

먀 [mya]

みゅ	みゅ				
ミュ	ミュ				

뮤 [myu]

みょ	みょ				
ミョ	ミョ				

묘 [myo]

が·ガ행

ぎゃ	ぎゃ				
ギャ	ギャ				

갸 [gya]

ぎゅ	ぎゅ				
ギュ	ギュ				

규 [gyu]

ぎょ	ぎょ				
ギョ	ギョ				

교 [gyo]

① 히라가나·가타카나 같이 써 보기

ざ・ザ행

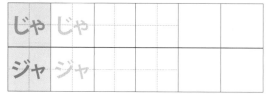

쟈 [ja]

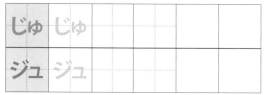

쥬 [ju]

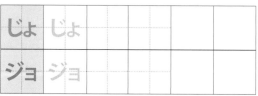

죠 [jo]

ぱ・パ행

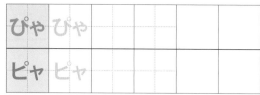

퍄 [pya]

퓨 [pyu]

표 [pyo]

ば・バ행

뱌 [bya]

뷰 [byu]

뵤 [byo]

<해커스 일본어 첫걸음>
어플로 히라가나 가타카나
테스트를 해 보세요.

② 주제별 쉬운 단어 써 보기

MP3 바로 듣기

가족

かぞく   가족

おかあさん   엄마

おとうさん   아빠

おにいさん   형, 오빠

おねえさん   언니, 누나

おとうと   남동생

いもうと   여동생

おばあさん   할머니

おじいさん   할아버지

취미

やきゅう 야구

うた 노래

すいえい 수영

りょこう 여행

りょうり 요리

さんぽ 산책

しゃしん 사진

サッカー 축구

ゲーム 게임

MP3 바로 듣기

음식

おにぎり　주먹밥

みそしる　된장국

やきとり　닭꼬치

ぎゅうどん　규동

ステーキ　스테이크

チャーハン　볶음밥

コーヒー　커피

レモネード　레몬에이드

サンドイッチ　샌드위치

장소

としょかん 도서관

こうえん 공원

りょかん 료칸

びょういん 병원

がっこう 학교

コンビニ 편의점

デパート 백화점

カラオケ 노래방

ホテル 호텔

③ 쉬운 회화 문장 써 보기

MP3 바로 듣기

만났을 때

こんにちは。

안녕하세요. (낮인사)

おはようございます。

안녕하세요. (아침인사)

こんばんは。

안녕하세요. (저녁인사)

はじめまして。

처음 뵙겠습니다.

おひさしぶりです。

오랜만이에요.

よろしくおねがいします。

잘 부탁드립니다.

どうしていましたか。

어떻게 지내셨어요?

おげんきでしたか。

잘 지내셨죠?

③ 쉬운 회화 문장 써 보기

MP3 바로 듣기

헤어질 때

じゃ、また。

그럼, 또 봐.

さようなら。

안녕 (헤어질 때 하는 인사)

バイバイ。

바이바이.

おやすみなさい。

안녕히 주무세요.

また、あした。

그럼, 내일 봐.

じゃ、あとでね。

그럼, 나중에 봐.

またれんらくするね。

또 연락할게.

おさきにしつれいします。

먼저 실례하겠습니다.

MP3 바로 듣기

외출, 방문할 때

いってきます。

다녀오겠습니다.

いってらっしゃい。

다녀오세요.

ただいま。

다녀왔습니다.

おかえりなさい。

어서 오세요.

おじゃまします。

실례합니다.

おじゃましました。

실례했습니다.

ようこそ。

환영합니다.

またきてください。

또 와 주세요.

3 쉬운 회화 문장 써 보기

MP3 바로 듣기

감사를 표할 때

ありがとう。

고마워.

ありがとうございます。

고맙습니다.

どうも。

감사합니다.

おせわになりました。

신세졌습니다.

たすかりました。

도움이 되었습니다.

おかげさまで。

덕분에.

かんしゃします。

감사합니다.

サンキュー。

땡큐.

③ 쉬운 회화 문장 써 보기

MP3 바로 듣기

사과할 때

ごめんなさい。

미안합니다.

すみません。

죄송합니다./실례합니다.

もうしわけありません。

정말 죄송합니다.

どうもすみませんでした。

대단히 죄송했습니다.

おそくなって、ごめん。

늦어서, 미안.

すみません、まちがえました。

죄송합니다, 착각했습니다.

いいえ、だいじょうぶです。

아니요, 괜찮아요.

きにしないでください。

신경쓰지 마세요.

MP3 바로 듣기

축하할 때

おめでとうございます。

축하합니다.

おたんじょうびおめでとう。

생일 축하해.

ハッピーバースデー。

해피 버스데이.

けっこんおめでとう。

결혼 축하해.

ごうかくおめでとう。

합격 축하해.

そつぎょうおめでとうございます。

졸업 축하합니다.

にゅうしゃおめでとうございます。

입사 축하합니다.

あけましておめでとうございます。

새해 복 많이 받으세요.

MP3 바로 듣기

맞장구 칠 때

そうですね。

그러네요.

いいですね。

좋네요.

そうですか。

그래요?

ほんとうですか。

정말요?

わたしもです。

저도요.

いいアイデアですね。

좋은 아이디어네요.

そうなんですね。

그렇군요.

なるほど。

그렇구나.

MP3 바로 듣기

식사할 때

いただきます。

잘 먹겠습니다.

ごちそうさまでした。

잘 먹었습니다.

おいしいです。

맛있어요.

おかわりできますか。

한 그릇 더 먹을 수 있나요?

おすすめはなんですか。

추천 메뉴는 무엇인가요?

わたしはこれにします。

저는 이걸로 하겠습니다.

あまいです。

달아요.

からいです。

매워요.

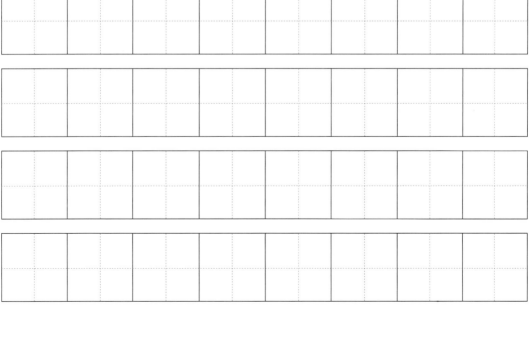

해커스
일본어 첫걸음
히라가나 가타카나
쓰기노트

초판 6쇄 발행 2025년 2월 3일
초판 1쇄 발행 2023년 2월 27일

지은이	해커스 일본어연구소
펴낸곳	㈜해커스 어학연구소
펴낸이	해커스 어학연구소 출판팀

주소	서울특별시 서초구 강남대로61길 23 ㈜해커스 어학연구소
고객센터	02-537-5000
교재 관련 문의	publishing@hackers.com
	해커스일본어 사이트(japan.Hackers.com) 교재 Q&A 게시판
동영상강의	japan.Hackers.com

ISBN	978-89-6542-577-9 (13730)
Serial Number	01-06-01

일본어 교육 1위
해커스일본어(japan.Hackers.com)

⻆ 해커스일본어

- 해커스 스타강사의 **일본어 인강**(교재 내 할인쿠폰 수록)
- 쓰면서 듣고 따라 말하는 **무료 히라가나 가타카나 발음 듣기 MP3**
- 더 많은 쓰기 훈련을 위한 **무료 히라가나 가타카나 단어/문장 필사노트&한 번에 써보기**
- **일본어회화 무료 동영상강의**, 데일리 학습자료 등 다양한 무료 일본어 학습 콘텐츠

한경비즈니스 선정 2020 한국브랜드선호도 교육(온·오프라인 일본어) 부문 1위

쉽고 재미있는 일본어 학습을 위한
체계적 학습자료

무료 일본어 레벨테스트

5분 만에 일본어 실력 확인
& 본인의 실력에 맞는 학습법 추천!

선생님과의 1:1 Q&A

학습 내용과 관련된 질문사항을
Q&A를 통해 직접 답변!

해커스일본어 무료 강의

실시간 가장 핫한 해커스일본어
과목별 무료 강의 제공!

데일리 무료 학습 콘텐츠

일본어 단어부터 한자, 회화 콘텐츠까지
매일매일 확인하는 데일리 무료 콘텐츠!